**rowohlts monographien
begründet von Kurt Kusenberg
herausgegeben
von Wolfgang Müller und Uwe Naumann**

Federico Fellini

**mit Selbstzeugnissen
und Bilddokumenten
dargestellt von
Michael Töteberg**

Rowohlt

Dieser Band wurde eigens für «rowohlts monographien» geschrieben
Den Anhang besorgte der Autor
Redaktion: Uwe Naumann
Redaktionsassistenz: Katrin Finkemeier
Umschlagentwurf: Werner Rebhuhn
Vorderseite: Fellini bei den Dreharbeiten zu «8½»
(Aus «Fellini's Faces», Zürich 1981, © by Diogenes Verlag AG, Zürich)
Rückseite: Anthony Quinn und Giulietta Masina in «La Strada»
(Aus: Claudio G. Fava / Aldo Viganò,
«I Film di Federico Fellini», Rom 1987)

Veröffentlicht im Rowohlt Taschenbuch Verlag,
Reinbek bei Hamburg, Dezember 1989
Copyright © 1989 by Rowohlt Taschenbuch Verlag,
Reinbek bei Hamburg
Alle Rechte an dieser Ausgabe vorbehalten
Satz Times (Linotronic 500)
Gesamtherstellung Clausen & Bosse, Leck
Printed in Germany
ISBN 3 499 50455 3

3. Auflage Januar 2004

Inhalt

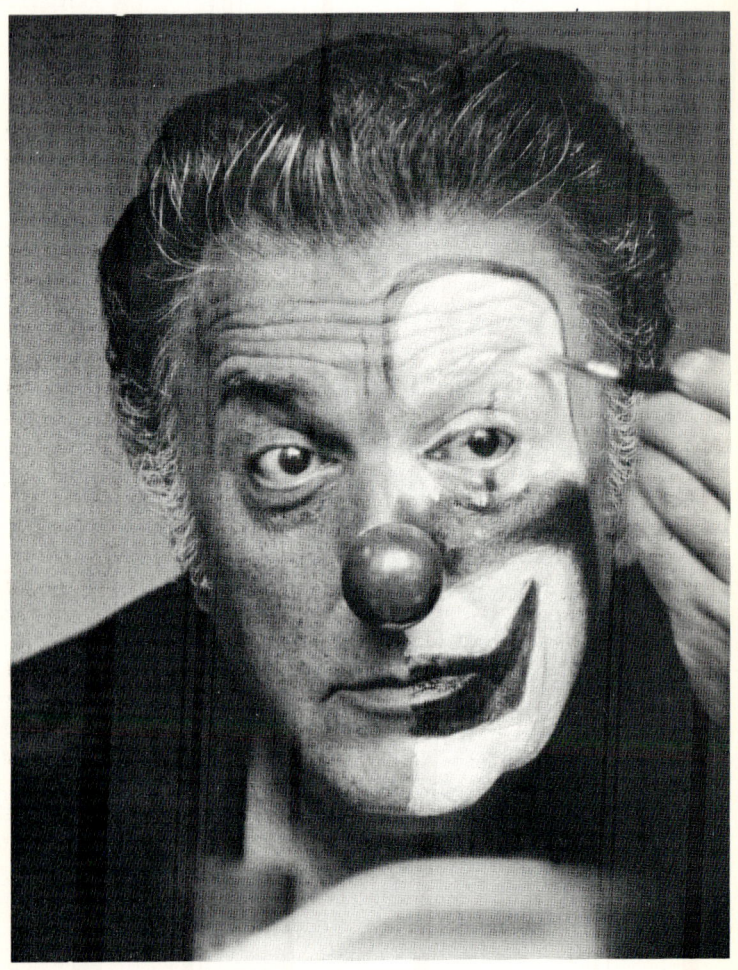

Federico Fellini bei den Dreharbeiten zu «Die Clowns»

«Ich bin ein Film»

Federico Fellini war ein Zauberkünstler des Kinos, ein Magier, der sein Publikum verführen will, mit ihm auf die Reise zu gehen. Er bringe die Leute zum Bahnhof, hat Fellini einmal gesagt, aber er setze sie nicht in einen bestimmten Zug. Seine Filme leben weniger von Handlung und Aussage denn von Phantasie und Imagination. Er führt den Zuschauer in das verschlungene Labyrinth der Erinnerungen und Träume, der großen Emotionen und der alltäglichen Ängste. Fellini hat Bilder und Symbole von suggestiver Kraft geschaffen, deren Bedeutung nicht eindeutig vorgegeben ist und die jeder Betrachter mit seiner eigenen Interpretation füllen kann. Ob die Reise ein Erlebnis wird, hängt nicht zuletzt auch von seiner inneren Bereitschaft ab. Wer etwas sehen will, muß die Augen offen halten. Und zu sehen gibt es einiges: Fellini-Filme sind immer auch grandiose Spektakel, deren Poesie an die Anfänge der Filmkunst erinnern, an jene Zeit, als das Kino noch *ein Jahrmarktsphänomen* war.[1] * In früheren Zeiten, so Fellini, wäre er Zirkusdirektor geworden.

An einen Zirkus fühlten sich auch manche Journalisten erinnert, die mit Erstaunen und Verwunderung die Entstehung eines Fellini-Films aus der Nähe beobachtet haben. Der Maestro mietete sich ein Büro an und ließ eine Kleinanzeige in die Zeitung setzen: «Federico Fellini ist bereit, alle zu empfangen, die ihn besuchen wollen.» In den folgenden Wochen herrschte großer Trubel: Möchtegern-Schauspieler und Leute von der Straße, skurrile Typen und zwielichtige Gestalten, Mütter, die ihre Töchter zu Filmstars machen, Studenten, die sich als Komparsen ein Zubrot verdienen wollen, sie alle bevölkerten das Büro. Fellini ließ jeden vor, er empfand dieses Tollhaus als *ein höchst stimulierendes Ambiente. Ich sehe mir alle aufmerksam an, stehle mir irgend etwas von der Persönlichkeit eines jeden Besuchers.*[2] Während der Regisseur nach ausdrucksstarken Gesichtern suchte, die *die menschliche Landschaft*[3] des neuen Films bestimmen könnten, entwarf er in rasch hingeworfenen Skizzen Charaktere, Szenarien und das Dekor. Fellini dachte in Bildern. Seine Notizbücher enthalten nicht ausformulierte Filmideen, sondern Karikaturen und Zeichnungen: dickbusige Frauen mit prallen Hintern, eitle Gecken in

---

* Die hochgestellten Ziffern verweisen auf die Anmerkungen S. 133f.

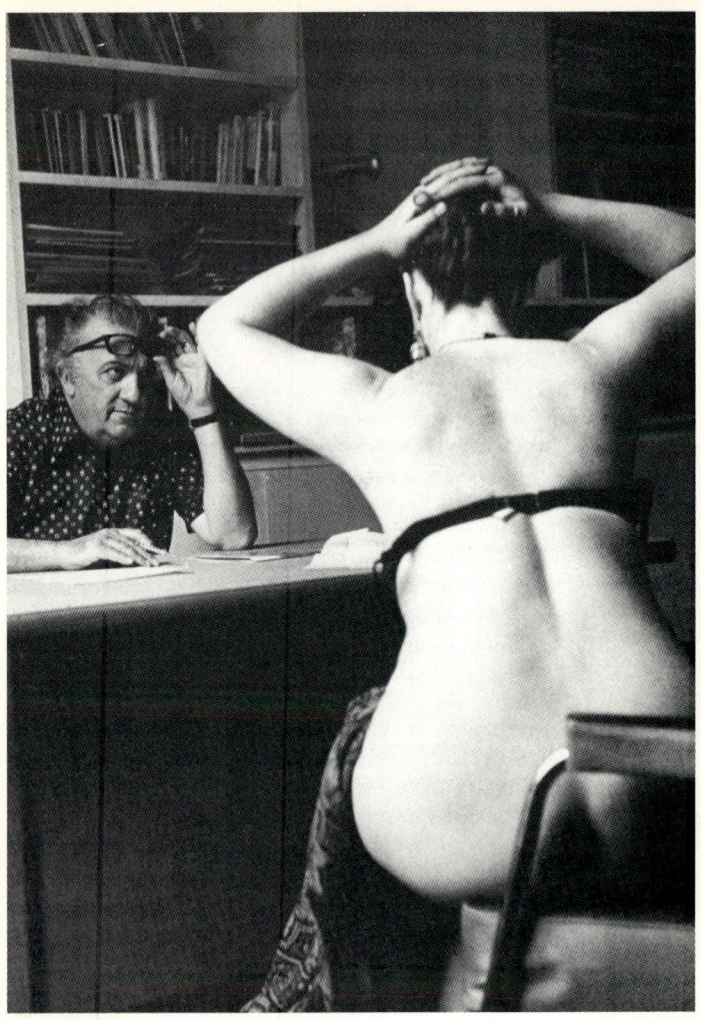

Fellini sucht Darsteller für seinen Film «Casanova», 1975

grotesken Posen, liebevoll gezeichnete Monster und satirisch verfrem-
dete Bürgerfratzen. Drehbücher mit ausgefeiltem Dialog und durchdach-
ter Dramaturgie verabscheute Fellini; er verließ sich ganz auf seine Film-
vision, die langsam Gestalt annahm. Für ihn sei ein Drehbuch nicht mehr
als ein sorgfältig gepackter *Koffer*[4], inliegend eine vage Reiseroute mit

vielen Möglichkeiten für spontane Ausflüge und Abstecher in unbekannte Gegenden.

Mit Beginn der eigentlichen Dreharbeiten nahm das Projekt keineswegs klare Konturen an. Die Schauspieler sprachen Nonsens-Texte, Fellini ließ sie Gebete oder Zahlenreihen aufsagen – alle seine Filme wurden nachträglich synchronisiert, die Dialoge erst später hinzugefügt. Auf Fragen aus dem Team, worum es in diesem Film geht, in welchem Kontext die eben gedrehte Szene steht, gab der Regisseur nur allgemeine oder ausweichende Antworten. Keiner könne von einer Reise erzählen, bevor er sie unternommen habe; wüßte man vorher genau, was einen erwarte, würde man sich gar nicht erst auf den Weg machen. So wurden die Dreharbeiten zu einem Abenteuer. Fellini schaffte sich eine Atmosphäre, die ihn inspirierte, die letztlich auf alle Beteiligten animierend wirkte.

Doch der Eindruck, hier werde improvisiert, täuschte. Die Produktion eines Films (und besonders die eines Fellini-Films) ist ein kostenintensives Unternehmen, und schon aus ökonomischen Gründen mußte alles *mit geradezu mathematischer Präzision* organisiert sein, um so mehr, da *das Imaginäre und das Unbekannte in Rechnung zu stellen* war.[5] Nur für Außenstehende wirkten die Dreharbeiten chaotisch; in Wahrheit wurde nichts dem Zufall überlassen. Wenn die Kamera lief, wußte Fellini genau, was er wollte, bestimmte sogar Beleuchtung und Bildausschnitt. *Ich bin der ganze Film, und der Film besitzt mich.*[6] Bei der Herstellung eines Films fühle er sich wie ein Kind, das die Welt durch die eigenen Handlungen entdeckt. Wobei zu ergänzen ist: Dieses Kind spielte mit ernster Hingabe, es kannte und beherrschte die Regeln und überraschte gerade deshalb durch immer neue und verblüffende Varianten.

Soviel Freiheit im kreativen Prozeß kann sich nur leisten, wer seine Kunst auf festen Grund gebaut hat. Filmen ist *das Spiel meines eigenen Lebens*[7], hat Fellini gesagt, und selbst wenn er literarische Vorlagen verfilmte, eignete er sie sich auf unnachahmliche Weise an, machte sie zu seinen persönlichen Stoffen. Fellini in Selbstzeugnissen darstellen zu wollen, hieße: Filmszenen zitieren. Alles andere ist sekundär. Was Fellini allgemein für den Künstler postulierte, galt auch für ihn selbst: *Sein ganzes Gerede außerhalb seiner Arbeit bedeutet nichts.*[8] Fellini war ein Medien-Star, er gab gern und oft Interviews. Aus Büchern und Zeitungsartikeln ließe sich leicht ein Digest zusammenstellen, Fellini hatte auch schon daran gedacht: *Ich würde den Journalisten, die übrigens immer das gleiche fragen, dann einfach sagen: «Sie finden die Antwort unter Nr. 2005.»*[9] (Es gilt übrigens auch die Antwort Nr. 2005a, denn Fellini hatte keine Scheu, sich zu widersprechen und anderntags das genaue Gegenteil zu behaupten.) Der Mann liebte Mystifikation und Camouflage, er provozierte und narrte seine Gesprächspartner; das ist vergnüglich zu lesen, doch die witzigen und gescheiten Statements des Regisseurs führen

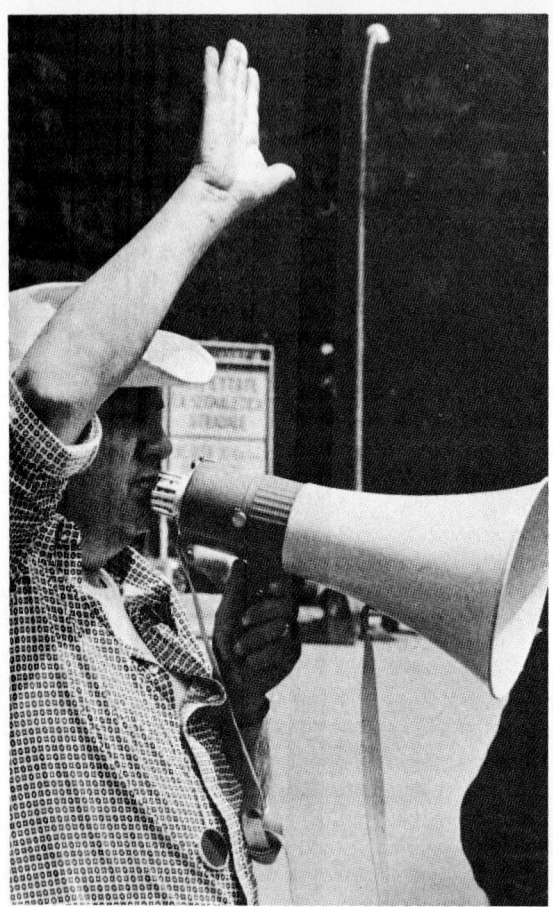

Fellini bei den Dreharbeiten zu «Roma»

nicht ins Zentrum seiner Kunst. Die wahren Bekenntnisse hat er auf Zelluloid gebannt, und hierzu verweigerte Fellini die Aussage.

Er war auf seine Weise – anders als und doch vergleichbar mit Jean-Luc Godard, Andrej Tarkowskij oder Rainer Werner Fassbinder – ein Vertreter des Autorenfilms: Die Geschichten, die er in seinen Filmen erzählt, sind durch seine Person beglaubigt. *In Wirklichkeit stellt man sich aber doch selbst vors Objektiv.*[10] Vor uns wird ein filmisches Tagebuch aufgeblättert, überaus persönlich gehalten, und doch erfahren wir hier mehr von der politischen und sozialen Realität als in vielen Sachbüchern oder zeitgeschichtlichen Darstellungen. Fellini erzählt von einer Kindheit in der Provinz, dem durch Katholizismus und Faschismus geprägten Milieu repressiver Erziehung, von den Verklemmungen der Pubertät und der Lebensgier junger Menschen, von der Doppelmoral der italienischen Gesellschaft, von Männerängsten, Obsessionen und Projektionen, von den Problemen des Älterwerdens. Themen und Motive werden häufig wieder aufgenommen und neu durchgespielt; Zitate und Verweise verstärken den Eindruck, daß jedes neue Fellini-Werk nur eine weitere Episode zu jenem Film ist, den dieses Leben darstellt. Szenen und Gestalten aus der romagnolischen Heimat, Freunde und Kumpane aus Kindertagen, Käuze und Originale, jene skurrilen Figuren des Kleinstadtlebens, die in der Erinnerung immer mehr groteske oder rätselhafte Züge annehmen, kaum mehr überprüfbare Geschichten, das ist der Fundus, aus dem der Filmregisseur immer wieder schöpfte. Als Gegenwelt tritt die frühe Faszination durch Zirkus, Kino und Varieté hinzu, eine fremde, exotische Welt zu Gast im vertrauten Ort, die ferne Verheißung eines anderen, abenteuerlichen Lebens.

Die Filme fügen sich zu einer imaginären Biographie, bei der Fiktion und Fakten nicht mehr auseinanderzuhalten sind. Müßig erscheint es, dem Beispiel amerikanischer Journalisten zu folgen und vor Ort zu recherchieren, dort nach den realen Vorbildern der fiktiven Gestalten zu suchen. Solche Ermittlungen fördern nichts über den Wahrheitsgehalt der Erzählungen Fellinis zutage. *Alles und nichts in meinem Werk ist autobiographisch*[11], wehrte Fellini allzu aufdringliche Frager ab. *Ich habe mir alles selber erfunden: eine Kindheit, eine Persönlichkeit, Sehnsüchte, Träume, Erinnerungen, um sie erzählen zu können.*[12] Das war nicht bloß Koketterie, es war auch eine Schutzbehauptung. Wer derart Intimes der Öffentlichkeit preisgibt, muß in ein raffiniert inszeniertes Verwirrspiel flüchten, sobald er außerhalb seiner Kunst spricht.

Der Filmschöpfer Fellini hat – auf seinem Gebiet nur vergleichbar mit Ingmar Bergman – bewußt von der Psychoanalyse gelernt. Die Lektüre der Schriften Carl Gustav Jungs war ihm eine Offenbarung: *Es war, als täte sich ein unbekanntes Panorama auf, als entdeckte ich neue Perspektiven, aus denen man das Leben betrachten kann, die Möglichkeit, seine Erfahrungen mutiger und in größerem Umfang zu nutzen, viele Energien und Materialien wiederzugewinnen, die unter den Trümmern von Ängsten, unbewußt Gebliebenem, unbeachteten Wunden begraben waren.*[13] Doch sollte man den Einfluß Jungs nicht überschätzen. Fellini nannte ihn einen *älteren Bruder*, einen *Reisegefährten*[14]; eines Reiseleiters, ohne dessen Erklärungen man ratlos vor den Sehenswürdigkeiten stehen würde, bedarf es jedoch nicht. An Hand Jungscher Kategorien kann man Fellinis Schaffen interpretieren, aber dies ist kein notwendiger Schlüssel zum Verständnis des Werks. Fellini betrieb nicht filmend Psychoanalyse; schon gar nicht verstand er die künstlerische Arbeit als Selbsttherapie. Sein er-

Carl Gustav Jung

klärtes Ziel war es, *meine verborgenen Seiten ins Leben, nicht notwendigerweise ins Bewußtsein zu bringen* [15], wie es der Sinn einer Analyse ist. Was den Schweizer Tiefenpsychologen und den italienischen Filmregisseur verbindet ist derselbe Impetus: «Alles, was im Unbewußten liegt, will Ereignis werden, und auch die Persönlichkeit will sich aus ihren unbewußten Bedingungen entfalten und sich als Ganzheit erleben.» [16] Wenn Jung davon spricht, «den Mythus meines Lebens zu erzählen», so hat Fellini dies im Film verwirklicht.

Die Lektüre Jungs gab ihm den Mut, *die Reise in unsere inneren Dimensionen* [17] zu wagen und seine Erlebnisse in surrealistischen Bildern zu formulieren. Der Psychoanalytiker will, wie jeder Arzt, heilen. Ein Künstler, auch wenn Autobiographisches sein Thema ist, spricht nicht allein von sich selbst, sondern bringt Strömungen des kollektiven Unbewußten zum Ausdruck. Fellini ist ein typischer Vertreter der Moderne; er ist, wie Jung über James Joyce schreibt, ein «Meister in der Fragmentierung ästhetischer Inhalte und der Anhäufung genialer Trümmer»[18]. Die Scherben wieder zusammenzufügen, das ist nicht seine Aufgabe. *Ich bin kein «therapeutischer» Autor, ich biete in meinen Filmen weder Lösungen noch Methoden an.*[19]

Filmkritiker mochte er nicht, weil sie *mich zu genau definieren wollen*[20]. Erläuterungen und Selbstinterpretationen lehnte er kategorisch ab. Ein Zauberkünstler läßt sich nicht gern in die Karten sehen. *Baedeker, genaue Steckbriefe, Lesehilfen, Glossare, Symbolverzeichnisse, Kodizille, analytische und bibliographische Register*, das sei, spottete Fellini, die Aufgabe all derer, *welche sich als Studenten, Forscher, Wissenschaftler, Systematiker, als Lehrer oder aus Langeweile mit der Kunst befassen*[21]. Die Ikonographie Fellinis zu untersuchen, mag scharfsinnigen Exegeten überlassen bleiben, und der Versuch, das Schaffen Fellinis auf eine Formel zu bringen, soll hier gar nicht erst versucht werden. Nehmen wir statt dessen die Einladung an und begleiten den Filmkünstler auf seiner Reise, erlauben uns aber, dabei auch nach links und rechts zu schauen – Fellini ist seinen Weg gegangen, doch es gab Brüche, Krisen, Entwicklungen, die in engem Kontext mit politisch-sozialen Bewegungen zu sehen sind oder von der sich wandelnden Filmindustrie bestimmt wurden. Seine Unabhängigkeit und Persönlichkeit hat Fellini wahren können, aber er ist nicht stehengeblieben: Ein Reisender verändert sich, nimmt von jeder Station etwas mit. Aufbrüche und Abschiede, neues Terrain – dieses Buch will einen Blick auf die zurückgelegte Wegstrecke werfen.

Spießer, Clowns und Müßiggänger

«*Wir sprachen immer von Wegfahren. Daß man einmal raus müßte aus der Enge.*» Mit diesen Worten leitet der Erzähler in *I Vitelloni* die Schlußsequenz ein. Die Jugendlichen in dem Provinzstädtchen, sie vertreiben sich die Zeit mit kindischen Streichen und abgeschmackten Späßen und warten doch nur darauf, daß sich irgendwie ihr Leben ändert, sie herausführt in die große Welt. Sie werden darüber alt werden und in der Provinz versauern. Nur einer, Moraldo, verläßt eines Morgens die Stadt, in der er aufgewachsen ist. Auf dem Bahnsteig trifft er einen kleinen Jungen, mit dem er sich vor ein paar Tagen angefreundet hat: Wenn Moraldo von seinen nächtlichen Streifzügen zurückkehrte, war der Junge auf dem Weg zur Arbeit, ein rechtes Gegenstück zu den jugendlichen Müßiggängern. Nun will er wissen, wohin die Reise gehen soll. Moraldo weiß es nicht; will einfach weg. Verwundert fragt ihn der Junge: «*Glaubst du, es ist irgendwoanders besser als bei uns?*» Moraldo: «*Ich weiß nicht. Vielleicht nicht besser. Aber anders.*»

Auch Fellini hat sich auf den Weg gemacht, ist dem Kleinstadtleben entflohen. Geboren wurde er am 20. Januar 1920 in Rimini als Sohn des Handelsvertreters Urbano Fellini und seiner Frau Ida. Die Eltern hatten gewünscht, er möge Arzt oder Rechtsanwalt werden, doch es hielt ihn nicht in der Heimatstadt. Noch vor dem Schulabschluß suchte er in Florenz die Redaktion der Wochenzeitung «Il 420» auf, legte Skizzen und Glossen vor und bewarb sich als Mitarbeiter. Florenz wurde nur eine kurze Zwischenstation; 1938 ging er nach Rom. *Ich war sehr bleich und romantisch. Mein Hemd war immer schmutzig und mein Haar lang. Ich arbeitete als Sekretär bei «Il Popolo di Roma», machte die Post auf und erledigte Botengänge.*[22] Ein gutes Dutzend Blätter, darunter «Cine Illustrato» und «La Signorina Grandi Firme», belieferte er mit Karikaturen und Humoresken, schrieb Sketche und Varieté-Lieder, Werbe-Texte und Kurzhörspiele fürs Radio. Eine feste Anstellung mit gesichertem Einkommen hatte er nicht: Er mußte sich mühsam durchschlagen, wohnte in billigen Hotels und Pensionen. *Mein Rom war damals die kleine Kasbah von möblierten Zimmern rings um den Hauptbahnhof, wo ich mich in der Menge von verschreckten Zuwanderern aus der Provinz, Nutten, Gaunern und chinesischen Krawattenverkäufern verlor. Die Nähe des Bahnhofs*

Die Mutter: Ida Fellini

Der Vater: Urbano Fellini.
Das Foto stand viele Jahre auf dem Schreibtisch des Regisseurs

Familie Fellini bei Federicos Kommunion

schuf eine Illusion von Heimatlichkeit und bewirkte, daß ich mich nicht so fern von Rimini fühlte.[23] Den Zug in Richtung Heimat bestieg er jedoch nicht. Erst viele Jahre später, als berühmter Mann, kehrte er in den Geburtsort zurück.

Auf den Bildern, die er den Eltern nach Hause schickte, gibt er sich ganz als Dandy: ein Bohemien, der süffisant lächelt oder melancholisch in die Kamera blickt. Ungezwungen, leichtlebig soll es aussehen, doch die Fotos zeigen vor allem angestrengte Selbstdarstellung. Der zwanzigjäh-

rige Fellini nimmt – auf einer Karte, an die Mutter adressiert – eine sorgfältig stilisierte Pose ein: die Augenbrauen kritisch hochgezogen, kaut er
auf einem Stift, vor sich die Feder und ein bemaltes Blatt Papier.

In der Erinnerung sind diese Jahre für Fellini nur noch Anlaß für Anekdoten und Erzählungen von skurrilen Käuzen in muffigen Redaktionsstu-
ben. Aus heutiger Sicht war es eine Zeit unbeschwerter Jugend, *als ich mit
teilnehmender, aber unverantwortlicher Neugierde in den Tag hineinlebte
und eine vielleicht ernstere und engagiertere Einstellung immer wieder auf
morgen verschob*[24]. Seine journalistischen Arbeiten nennt er *kleine
Schulaufsätze*; die damals entstandenen Geschichten und Zeichnungen
hat er nie wieder drucken lassen. Als *Lehrzeit* läßt er diese Jahre nur
insofern gelten, als er hier Disziplin, kollektives Arbeiten, Professionali-
tät kennengelernt habe. Fellini macht seine Rolle kleiner, als sie in Wahr-

*Federico Fellini
(rechts) mit
seinem Bruder
Riccardo, 1930*

heit ist. Ein Blick in die Jahrgänge 1939 bis 1942 der Zeitschrift «Marc'
Aurelio» lohnt durchaus: Fast 700 Artikel, mehr als 2000 Seiten in drei-
einhalb Jahren, hat er darin veröffentlicht.[25]

Das humoristische Blatt, das vierzehntägig erschien und zeitweilig eine
Auflage von einer halben Million Exemplare erreichte, zeichnete sich
durch subtile Spitzen gegen das faschistische Regime aus. Es gab öfter
Konflikte mit der Zensur, und einmal wurde auch Fellini zur Behörde
zitiert: Er hatte sich eine kleine Rubrik ausgedacht mit fingierten Briefen,
die ein junges Mädchen seinem Verlobten an die Front schrieb. Der Zensor befand, diese Briefe wirkten nicht aufbauend, sondern demoralisie-
rend; die Rubrik mußte nach drei Folgen eingestellt werden. «Marc' Au-

Fellini (rechts) mit zwei Freunden am Strand von Rimini, 1937

Federico Fellini, 1940

relio» war jedoch, unter Mussolini wäre dies auch nicht möglich gewesen, kein scharf oppositionelles Satire-Organ, sondern in erster Linie ein populäres Witzblatt, das mit absurden Späßen und derbem Humor die Leser zum Lachen bringen wollte. Fellini, zeitlebens fasziniert von Comics, einer Art Urform des Films, zeichnete Bildergeschichten und Cartoons,

Telefon-Kritzelei von Fellini, 1975

Konterfeis von Kleinbürgern, Aufschneidern und Halbstarken, kurz den Helden des Alltags. Außerdem füllte er (unter dem Kürzel Federico) das Blatt mit mehreren Fortsetzungsgeschichten gleichzeitig – an Einfällen mangelte es ihm offenbar nicht. Die Bandbreite von Themen und Milieus wird bereits an den Titeln deutlich: *Terzaner*, *Erste Liebe*, *Jungverheira-*

tete, Du aber hörst mir zu, Lichter der Großstadt und *Der Schriftsteller Pampelmuse.* Ihren Reiz gewinnen die Geschichten durch die Mittel der Komik: die groteske Übertreibung, die Verkehrung aller Logik und die Verletzung des guten Geschmacks, den Witz der Wiederholung, den running gag. Kolportagehafte Züge und schematische Intrigen überwiegen; um psychologische Glaubwürdigkeit bemühte sich der Autor gar nicht erst. Die Qualitäten des Erzählers liegen auf anderem Gebiet: Scharfe Beobachtungsgabe, die Fähigkeit, eine Figur mit wenigen Strichen treffend zu charakterisieren. Die Protagonisten werden als Typen porträtiert, meist genügt ein einziges Attribut. Da gibt es den *fahläugigen Säufer*, die *Dame mit dem violetten Haar*, einen *schwitznackigen Kommandeur* und den *Kontrolleur mit hakenförmigen Händen*, eine *Dame von Welt, Wimpern wie Spinnweben* und viele andere, etwa hundert Figuren, eine Galerie von Fellini-Gestalten, wie sie auch seine Filme bevölkern.

Zum Umkreis der Zeitschrift gehörten Dichter, Literaten und Publizisten. Mit Tommaso Landolfi und Alberto Savinio freundete sich Fellini an; den Schauspieler Aldo Fabrizi, den Maler Giorgio De Chirico lernte er kennen. Eine ganze Reihe von Filmregisseuren und Drehbuchautoren, zum Beispiel Ettore Scola und Bernardino Zapponi, ist durch die Schule des «Marc' Aurelio» gegangen. Fellinis ersten Kontakt zur italienischen Traumfabrik Cinecittà stellte Stefano Vanzina her, der seine Humoresken im Blatt mit Steno zeichnete und dieses Kürzel dann zu seinem Künstlernamen machte. In den fünfziger Jahren inszenierte er ebenso vergnügliche wie intelligent gemachte Filmlustspiele, in denen der Komiker Totò die Hauptrolle spielte; heute ist Steno dem breiten Publikum nur noch als routinierter Regisseur von Western-Persiflagen mit Bud Spencer bekannt. 1939 schrieb er das Drehbuch zu Mario Mattolis Film «Lo vedi come sei?» (deutscher Verleihtitel: «Reingefallen») und sorgte dafür, daß Fellini als Gag-Schreiber engagiert wurde.

Solche Aufträge – im Vorspann wird sein Name nicht genannt – nahm der Journalist gern an: Beim Film wurde gut bezahlt, weit mehr als das übliche Zeilenhonorar bei der Zeitung. Und es gab Vorschüsse bei Vertragsabschluß, eine erste Drehbuchrate bei Abnahme des Treatments: *die zweite Zahlung war dann schon problematischer…*[26] Viele Projekte kamen über das Anfangsstadium nicht hinaus, wurden nie realisiert. Trotzdem war Fellini bald ein gefragter Mann in Cinecittà: ein vielbeschäftigter Drehbuchautor und Ideenlieferant, immer gern als Coautor hinzugezogen. Ein Dialog mußte umgeschrieben werden, eine dünne Story sollte durch Situationskomik angereichert, einem Star eine maßgeschneiderte Rolle verpaßt werden – leicht verdientes Geld, fand Fellini. Die Arbeit nahm er nicht sonderlich ernst: *Als Drehbuchautor hatte ich es sehr schön; ich war für rein gar nichts verantwortlich, auch weil alles, was man geschrieben hatte, von anderen wieder und wieder umgearbeitet wurde.*[27]

Der Eingang zur Cinecittà

Bis zu zehn Autoren waren manchmal an einem Skript beteiligt. Doch ganz so sorglos und ohne echtes Engagement, wie Fellini es heute darstellt, wird der junge Filmautor kaum die Cineasten-Welt erobert haben. Der Autodidakt, der nie eine Filmhochschule besucht hat, absolvierte in diesen Jahren einen unsystematischen, gleichwohl ergiebigen Schnellkurs: Er lernte die Dramaturgie des Kinos kennen, filmische Erzählweisen und die Sprache der Bilder, den Aufbau einer Sequenz und die Beachtung von Szenenanschlüssen, dazu alle technischen Aspekte des Film-Handwerks und den Studiobetrieb.

Cinecittà, damals wie heute eines der modernsten und größten Filmstudios der Welt, war erst 1937 eingeweiht worden. Der italienische Faschismus hatte Macht und Magie des Kinos, Wert und Wirksamkeit der Filmbilder erkannt und forcierte den Aufbau einer nationalen Filmindustrie. Jedoch wurden nur wenige ausgesprochene Propagandastreifen gedreht; stärker noch als im nationalsozialistischen Deutschland setzte man auf scheinbar unpolitische Unterhaltungsfilme, die von der Wirklichkeit des Kriegs ablenken sollten. Weil diese Spielfilme meist in der gehobenen Gesellschaft angesiedelt waren, spricht man von der «Ära der weißen Telefone»; die gewöhnlich schwarzen Telefonapparate tauchen in diesen Filmen nicht auf, ein luxuriöses Ambiente kennzeichnete die Produkte der Traumfabrik.

Vittorio Mussolini, der Sohn des Duce, herrschte über Cinecittà und war auch Herausgeber der Zeitschrift «Cinema». Trotzdem fand eine völlige Gleichschaltung wie im Dritten Reich nicht statt. Mitten im Faschismus regte sich Widerstand – «Cinema» veröffentlichte 1943 ein Manifest, dessen erste Forderung lautete: «Nieder mit der naiven und manierierten Konventionalität, die den größten Teil unserer Produktion beherrscht»[28] –, bereitete sich der Neorealismus vor. Soziale Probleme wurden in eindrucksvollen Filmen gestaltet: Vittorio De Sica inszenierte «I bambini ci guarda», Luchino Visconti «Ossessione» («Besessenheit», von der Zensur verboten). Daneben gab es viele hierzulande unbekannte Filme, ohne großen Anspruch und von zweitrangigen Regisseuren in Szene gesetzt, die sich jedoch deutlich absetzten vom staatlich geförderten Illusionskino. Sie spielten im Kleine-Leute-Milieu und verknüpften in bester Volksstück-Tradition Liebe und soziale Konflikte. Dem Zimmermädchen werden im Bus 500 Lire gestohlen; das Geld gehört ihrer Herrin und war für die Miete bestimmt. Rosella wird entlassen. Der Busschaffner Cesare und sein Freund Bruno, der Fahrer, nehmen sich des Mädchens an, beide verlieben sich in sie («Avanti c'è posto», 1942). Ein traditionsbewußter römischer Kutscher verbietet seiner Tochter den Umgang mit einem Busfahrer. Eine Kabarettsängerin beschuldigt den Kutscher, ihr einen Brillanten gestohlen zu haben – zu Unrecht, wie sich vor Gericht herausstellt. Nach dem Freispruch hat der überglückliche Mann keine Einwände mehr gegen die Liebe seiner Tochter («L'ultima carrozzella», 1943). Peppino, Fischverkäufer auf dem Markt, erntet den Spott seiner Kollegen, als er sich in eine mondäne Dame verliebt. Schließlich kommt er zur Besinnung und heiratet eine Blumenverkäuferin («Campo dei Fiori», 1943). In allen drei Filmen spielte Aldo Fabrizi die Hauptrolle; von ihm stammte meist auch die Idee, und zusammen mit Fellini schrieb er das Drehbuch. In weiteren Rollen sah man Anna Magnani und Peppino De Filippo. Theoretisch vorweggenommen wurde der Neorealismus – selbst der Begriff wurde bereits 1943 geprägt – in den Zeitschriften «Cinema» und «Bianco e nero», doch Stil und Eigenart haben sich «aus der spontanen Schöpfung der Darsteller entwickelt. Besonders sind hier Anna Magnani und Aldo Fabrizi zu erwähnen», urteilt Roberto Rossellini rückblickend und nennt in diesem Zusammenhang auch den Film «Campo dei Fiori».[29]

Federico Fellini, eher aus instinktiver Ablehnung denn aus politischer Einsicht Gegner des Faschismus, konnte sich durchmogeln: Mit Hilfe falscher Atteste und Chuzpe drückte er sich vor dem Militärdienst. Als freier Autor bemühte er sich um die einträgliche Mehrfachverwertung von Themen und Stoffen. Eine Fortsetzungsgeschichte aus «Marc' Aurelio» verwandelte er für den Rundfunk in eine Hörspiel-Serie. Anschließend wollte er die Erlebnisse des jungen Paares *Cico e Pallina* auch für einen Film verwenden und ließ sich deshalb ein Foto der Sprecherin geben: Giulietta Masina. Sie war gerade zwanzig, studierte Literaturwissenschaft und wirkte nebenbei in der Theatergruppe der Universität mit. Man traf sich und sprach über den Film, verabredete sich erneut, um

Fellini mit seinem Geschäftspartner, dem Maler Rinaldo Geleng

weitere Einzelheiten zu besprechen – nach acht Monaten war das Film-
projekt zwar gestorben, aber es wurde geheiratet. Die Weltpolitik nahm
darauf keine Rücksicht: Die Alliierten waren am 10. Juli 1943 in Sizilien
gelandet; die faschistische Herrschaft brach zusammen, und der Duce
wurde gestürzt. Die neue Regierung willigte in einen Waffenstillstand ein.
Daraufhin besetzten deutsche Truppen Rom; die italienische Wehrmacht
wurde entwaffnet und Mussolini zum Präsidenten eines Marionetten-Re-
gimes ernannt. Im Sommer 1944 bekam das Ehepaar Fellini einen Sohn,
der nach wenigen Wochen starb. Am 4. Juni befreiten die Amerikaner
Rom. Hier war der Krieg zu Ende, doch im Norden Italiens ging der
Kampf weiter.

Zusammen mit ehemaligen Kollegen von «Marc' Aurelio» eröffnete Fellini den Funny Face Shop, einen gut gehenden Laden, vor allem von amerikanischen Soldaten frequentiert. Ein Schnellzeichner fertigte Porträts an; sie sollten ein bißchen witzig sein, wurden von den Betroffenen jedoch oft als Karikatur empfunden: Es soll häufig Streit und Prügeleien gegeben haben, so daß die in der Nähe postierte Military Police eingreifen mußte. Abenteuerliche Geschichten weiß Fellini aus dieser Zeit zu berichten, und stets betont er, nie im Leben habe er, relativ gesehen, so viel Geld verdient. Derlei Anekdoten verdecken, daß es eine schwierige Zeit für ihn gewesen sein muß. Nach Anfangserfolgen bei Presse, Rundfunk und Film gab es plötzlich keine Arbeit mehr für den jungen Autor. Deutsche Truppen hatten am 25. Juli 1943 Cinecittà requiriert, was bedeutete: völliger Abbruch aller Filmarbeit. Mehrere Hallen wurden von Bomben zerstört. Nach dem Abzug der Deutschen beherbergte Cinecittà obdachlose Flüchtlinge; erst 1947 konnte der Studiobetrieb wieder aufgenommen werden.

Eines Tages tauchte Rossellini im Funny Face Shop auf. Fellini sollte helfen, den Schauspieler Aldo Fabrizi für einen Film zu gewinnen, Thema: die Geschichte des von Faschisten ermordeten Pfarrers Don Morosini. Aus dem geplanten Kurzfilm wurde ein Spielfilm, der erste konsequent neorealistische Film: «Rom, offene Stadt». Geschildert werden drei Tage im März 1944, Verfolgung und Terror der Gestapo, das Klima der Angst und Unsicherheit, die Aktionen der Resistenza und der kollektive Widerstand. Die Geschichte des katholischen Geistlichen wurde zu einer von vielen Episoden. Der Film löst sich von einer konventionellen Dramaturgie und entwirft ein breites Panorama: Der eigentliche Held des Films ist die ganze Stadt. Immer wieder beobachtet die Kamera Menschen am Rande des Geschehens, wird in kurzen Momentaufnahmen das Leben auf der Straße erfaßt. Dokumentarischer Stil und Spielfilm gingen hier eine neuartige Verbindung ein.

Am 17. Januar 1945, mitten im Krieg, begannen die Dreharbeiten. Die Deutschen hielten noch die (zwischen Florenz und Bologna quer über den Apennin verlaufende) «Gotenlinie»; in den Bergen kämpften die Partisanen. Not und Hunger herrschte in den befreiten Gebieten, der Schwarzmarkt blühte. Auf Straßen und Plätzen, zwischen den Trümmern drehte man Szenen, die vor wenigen Monaten noch Wirklichkeit gewesen waren. Filmemacher wie Darsteller brachten eigene Erlebnisse ein. Neben Anna Magnani und Aldo Fabrizi spielten ausnahmslos Laien. Die technische Ausstattung war äußerst primitiv: Für Originalton war weder Geld noch Material vorhanden. Es fehlte an richtigem Negativmaterial, so daß man Filmreste von Straßenfotografen aufkaufen mußte. Der Neorealismus wurde auch aus der Not geboren: Perfekt ausgeleuchtete Bilder und raffinierte Montagen, dafür gab es in diesen Tagen keine Mittel. Doch die technischen Unzulänglichkeiten steigerten eher noch die suggestive Wir-

Anna Magnani und Aldo Fabrizi in «Rom, offene Stadt»

kung des Films, und Rossellini schuf mit «Rom, offene Stadt» ein Zeitdo-
kument, das heute wie damals beeindruckt.

Wurde hier das filmische Porträt einer Stadt unter fremder Herrschaft
gezeichnet, so schildert «Paisà» in sechs Episoden, verbunden durch Wo-
chenschau-Ausschnitte und Kommentar, das Schicksal eines ganzen Lan-
des. Die Schauplätze entsprechen dem Kriegsverlauf: Die erste Episode
spielt bei Landung der Alliierten in Sizilien, die letzte während der
Kämpfe im Po-Delta. Doch ist «Paisà» (ein Dialektausdruck, der mit
«Landsleute» zu übersetzen wäre) kein Kriegsfilm im üblichen Sinne.
Nicht die militärischen Operationen stehen im Vordergrund, sondern die
Menschen: Flüchtige Begegnungen angesichts von Elend und Tod, geprägt von Mißtrauen (die Italiener erleben die Amerikaner als neue Be-
satzer; diese wiederum wissen nicht, ob sie Partisanen oder Verräter vor
sich haben), aber auch grotesken, ja komischen Mißverständnissen.
«‹Paisà› gibt die zerbrechlichen Manifestationen menschlicher Würde mit
einer Einfachheit und Direktheit wieder», schreibt Siegfried Kracauer,
«die sie als ebenso wirklich wie die harten Tatsachen des Kriegs erscheinen lassen. Menschliche Würde ist hier keine vage Sehnsucht, sondern
eine deutlich artikulierte Erfahrung, die häufig bestätigt wird – von einer
römischen Prostituierten, von einem amerikanischen Neger, von einem

neapolitanischen Knirps.»[30] Doch muß man ergänzen: Die Hoffnungen, die in kurzen Momenten aufscheinen, die Träumereien, denen die Menschen nachhängen, sie zerplatzen an der brutalen Realität von Krieg und Nachkrieg. Ein Schuß aus dem Hinterhalt (oder auch: ein vergessenes Rendezvous), und alles ist zu Ende. Die Welt ist in Unordnung, die alten Ordnungsmuster gelten nicht mehr; diese Erkenntnis variiert der Film auf vielen Ebenen. Noch in der Erzähltechnik wird die Scherbenwelt reflektiert: Die Handlung wird reduziert auf Fragmente. Doch trotz der offenen Form wirkt «Paisà» ungemein dicht und geschlossen. Rossellini verknüpfte Szenen von großer Emotionalität zu einer filmischen Chronik, *feierlich wie ein gregorianischer Gesang, karg und bewegend*[31].

Als Regieassistent und Coautor gehörte Fellini zu den engsten Mitarbeitern Rossellinis. In Cinecittà hatte er die Filmindustrie kennengelernt. Dort entschied ein Produzent über ein Projekt: Er gab das Drehbuch in Auftrag, engagierte die Stars und einen Regisseur, der (mehr oder weni-

Aus Rossellinis Film «Paisà»

ger inspiriert) während der Inszenierung umsetzte, was im Drehbuch vorgegeben wurde. In diesem System ist der Produzent der wichtigste Mann – ohne seine Initiative, seine finanziellen Mittel und seine organisatorischen Fähigkeiten gäbe es den Film nicht – und zu Recht wird sein Name an erster Stelle im Vorspann und auf den Plakaten genannt. Nun erlebte Fellini einen Regisseur bei der Arbeit, der nicht im Auftrag eines Produzenten drehte, sondern allein seinen künstlerischen Intentionen folgte. Die Urheberschaft des Films liegt beim Regisseur, so definiert sich der Autorenfilm. Der Begriff war noch nicht geprägt, aber Rossellini verkörperte bereits diese Haltung: Eigenwillig, unabhängig, frei von den Gesetzen eines Genres und kommerzieller Spekulation. *Instinktiv, vorurteilslos, kaum erpreßbar von theoretischen Kodifizierungen, von eisernen und leeren Konventionen, eben weil er seinen, nur ihm eigenen Stil, die Genauigkeit seines eigenen Ausdrucks verfolgte.*[32] Die Begegnung mit Rossellini wurde bestimmend für Fellinis Weg.

Doch nicht nur der Kunstanspruch, auch Arbeitsweise und Persönlichkeit Rossellinis beeindruckten ihn. Der Neorealismus war eine Reaktion auf die verlogenen Kitschproduktionen der faschistischen Ära: Die Realität sollte unverfälscht gezeigt werden. Dazu mußte man aus den Studios auf die Straße gehen. Gedreht wurde «Paisà» an den Originalschauplätzen: in Sizilien, Neapel, Rom, Florenz, im Kloster von Maiori und in den Sümpfen des Po-Deltas. Das Team erkundete die Gegend und sah sich nach geeigneten Drehorten um. Das Szenario, ein bewußt offen gehaltener Entwurf, wurde erst danach ausgearbeitet; so konnte man die konkrete Topographie einer Ortschaft und ihre charakteristischen Details in die Episoden einbeziehen. Die Schauspieler, überwiegend Laiendarsteller, suchte man an Ort und Stelle aus, wählte sie manchmal direkt aus der neugierigen Menge, die die Filmleute bestaunte. Man gab ihnen keine Zeit, den Text auswendig zu lernen und sich in ihre Rolle einzuleben; es wurde wenig geprobt und schnell aufgenommen, um authentische Ausdrucksweise und sozialen Gestus unverstellt zu erfassen.

Spontaneität und die Bereitschaft, Partikel vorgefundener Wirklichkeit jederzeit zu integrieren, bedeuteten keineswegs Verzicht auf bewußte Gestaltung. Rossellini hatte eine genaue Vorstellung vom Film; ihm war der Kontext der zu drehenden Szene immer gegenwärtig. Der Regisseur war hier weit mehr gefordert als beim geregelten Produktionsbetrieb in Cinecittà. Im Studio konnte man alles exakt vorbereiten, sich gegen Störungen von außen hermetisch abriegeln und einen präzis erarbeiteten Drehplan einhalten. Die «Paisà»-Dreharbeiten dagegen waren ein Abenteuer mit unvorhersehbaren Hindernissen. Noch Jahrzehnte später schwärmte Fellini: *Es war wirklich einzigartig, wie Rossellini sich hinstellte und in sein Megaphon brüllend eine Großaufnahme von einem Neger machte, während hinter unserem Rücken die Panzer vorbeifuhren und Tausende von Neapolitanern aus dem Fenster schrien.*[33] Um in dieser

Situation überhaupt drehen zu können, mußte ein Regisseur sein Metier souverän beherrschen.

Vieles, womit Fellini heute bei Dreharbeiten Besucher verblüfft, hat er als Regieassistent bei Rossellini gelernt. Hier war das Drehbuch nicht mehr als eine Vorlage, die jederzeit umgestoßen werden konnte. Daß üblicherweise auf der linken Drehbuchseite Einstellungen, Blickwinkel und Kamerafahrten vorgegeben werden, entlockte Rossellini nur Hohn und Spott. Ein Romancier würde auch nicht vor Schreibbeginn festlegen, daß auf Seite 212 ein Imperfekt des Konjunktivs und anschließend eine indirekte Beifügung folgen soll.[34] Literatur entsteht erst bei der Niederschrift, ein Film während der Dreharbeiten, und in diesem Moment muß sich der Regisseur auf seine Kreativität und Inspiration verlassen. Fasziniert beobachtete Fellini, *daß es möglich ist, einen Film mit der gleichen Privatheit, Direktheit und Unmittelbarkeit zu machen, mit der ein Schriftsteller schreibt oder ein Maler malt*[35]. Plötzlich auftretende Schwierigkeiten mußten auf unkonventionelle Weise überwunden werden, und manchmal hatte er den Verdacht, daß Rossellini sich, bewußt oder unbewußt, geradezu Probleme schuf, um zu ungewöhnlichen Lösungen gezwungen zu werden.

Roberto Rossellini wiederholte das Experiment mit gleichem Ansatz in fremder Wirklichkeit: In den Straßen der Trümmerstadt Berlin drehte er 1947 «Deutschland im Jahre Null». Fellini hatte sich ihm nicht angeschlossen; er blieb in Rom – auch später, trotz verlockender Angebote, hat er nie im Ausland gedreht – und etablierte sich zunächst als Drehbuchautor. Vielleicht spürte er auch, daß der Einfluß Rossellinis übermächtig zu werden begann und nahm deshalb die Arbeit wieder dort auf, wo er ein paar Jahre zuvor aufgehört hatte. Sein Status hatte sich allerdings verändert; er war nicht länger Ausputzer bei fremden Projekten. Mit Tullio Pinelli bildete er ein Autorengespann, das allein verantwortlich für das Drehbuch zeichnete.

Auch der italienische Film hatte sich verändert: Komödienstoffe mit Happy-End waren nicht mehr gefragt; der Neorealismus hatte sich auf breiter Basis durchgesetzt. Rossellinis Kriegstrilogie wurde ein Welterfolg. Filme wie «Fahrraddiebe» von De Sica, «Bitterer Reis» von Giuseppe De Santis und «Die Erde bebt» von Luchino Visconti markieren weitere Höhepunkte dieser Ära. Die Traumfabrik hatte abgewirtschaftet; der Film fand seine Sujets im grauen Alltag. *Nach dem Krieg waren unsere Themen vorgezeichnet. Es waren sehr einfache Probleme: das Überleben, der Krieg, der Friede. Diese Probleme waren an der Tagesordnung, sie wurden auf unmittelbare und brutale Weise aufgeworfen.*[36] Ein Arbeiter, dem das Fahrrad gestohlen wird, zwei Schuhputzerjungen, die von einem Pferd träumen – «jede Stunde des Tages, jeder Ort, jede Person bietet Stoff für eine Erzählung», konstatierte Cesare Zavattini, der Drehbuchautor De Sicas.[37] Michelangelo Antonioni, der als Mitarbeiter der Zeitschrift «Cinema» viel zur theoretischen und ästhetischen Formulierung des neuen Stils beitrug, rückblickend: «In der Nachkriegszeit gab es ein großes Bedürfnis nach Wahrheit, und es erschien möglich, sie von jeder Straßenecke aus zu fotografieren.» [38]

Auch weniger bekannte Regisseure wurden von der Aufbruchsstimmung erfaßt und beflügelt. Mit Laiendarstellern, darunter Arbeitern aus den sizilianischen Schwefelminen, drehte Pietro Germi 1950 «Weg der Hoffnung»: Geschildert wird die Odyssee einer Gruppe von Arbeitslosen, die – ohne gültige Papiere, verfolgt von den Behörden, ausgenommen von einem skrupellosen Geschäftemacher – durch Italien zieht im trügerischen Glauben, jenseits der Grenze in Frankreich Arbeit und Brot zu finden. Fellini und Pinelli schrieben für Germi außerdem eine Mafiageschichte («Im Namen des Gesetzes», 1948), einen historischen Film («Il brigante di Tacca del Lupo», 1952) und eine sozialkritisch grundierte Kriminalstory («Jagd ohne Gnade», 1951). Die Handlungsebene dieser Filme wirkt recht konventionell und weist Kolportage-Elemente auf; der kritische Realismus zeigt sich in der subtilen Erfassung des Milieus. Die Menschen werden durch ihre soziale Landschaft definiert, sei es nun ein Dorf in Kalabrien, eine sizilianische Kleinstadt oder die Steinwüste der

Pietro Germi, «Weg der Hoffnung», 1950

Giulietta Masina und Carla Del Poggio in Alberto Lattuadas «Ohne Gnade»

Armenquartiere in der römischen Peripherie. (Der große internationale Durchbruch glückte Germi erst ein Jahrzehnt später mit der sarkastischen Komödie «Scheidung auf italienisch», wo er, auch als Reverenz an die frühere Zusammenarbeit, aus *La Dolce Vita* zitierte.)

Veristische Züge findet man auch in Filmen von Regisseuren, die sich nur bedingt dem Neorealismus zuordnen lassen. Alberto Lattuada gehörte während der faschistischen Ära zu der Gruppe der Kalligraphen, so genannt wegen ihrer graphischen Bild-Arrangements, der ästhetischen Raffinesse und des dekorativen Formalismus. Sein eigentliches Metier waren kultivierte Literaturverfilmungen (Fellini und Pinelli schrieben für ihn 1947 nach einem Roman von Gabriele D'Annunzio «Das Verbrechen des Giovanni Episcopo» und ein Jahr später «Die Mühle am Po» nach Roberto Bacchelli). Auch Lattuada zollte dem Neorealismus Tribut: Sein Film «Ohne Gnade» (1947), dessen beste Passagen an Rossellini erinnern, verbindet eine stark melodramatische Liebesgeschichte mit einem kritischen Bild der Nachkriegswirklichkeit. Ein farbiger GI und ein italienisches Mädchen, beide an sich rührend gute Menschen, kämpfen ver-

31

Federico Fellini und Anna Magnani im Film «L'Amore», 1948

geblich um ihr Glück; sie werden in kriminelle Machenschaften verstrickt und finden den Tod. Lattuadas Frau Carla Del Poggio spielte das Mädchen Angela, Giulietta Masina ihre Freundin; die Rolle des Soldaten übernahm John Kitzmiller, der mit der US-Army ins Land gekommen war und in Italien blieb. Gedreht wurde in Tombolo und Livorno, in jenen Jahren berüchtigte Zentren für Schmuggel, Drogenhandel und Prostitution.

Der Neorealismus war eine Bewegung, eine Kunstrichtung und ein Stück Weltanschauung, in der sich verschiedene Positionen – moralische, politische und philosophische – bündelten. Langsam verblaßte die prägende Erfahrung von Krieg und Widerstand. Wie in der großen Politik die Resistenza kein einigendes Band mehr war für die gesellschaftlichen Kräfte von links und rechts, so verfiel auch der gemeinsame Impetus der Künstler. Die ökonomischen Rahmenbedingungen wurden zunehmend schlechter: Der Staat kümmerte sich um den Wiederaufbau der Filmindu-

strie; ein neues Prämiensystem belohnte national repräsentative Werke –
sozialkritische Filme galten den regierenden Christdemokraten nicht als
förderungswürdig. Der kommerzielle Erfolg stellte sich selten ein: Das
breite Publikum wollte seinen tristen Alltag nicht auch noch im Kino sehen. Rossellini, laut Fellini *der einzige wirkliche Neorealist*[39], zog früher
als andere einen Schlußstrich. Man könne, erklärte er, nicht ewig in zer-
störten Städten drehen. Keineswegs verriet er sein bisheriges Werk und
kehrte zurück zum konventionellen Kino. Doch unübersehbar kündigten
sich neue Tendenzen an.

Erneut zog er Fellini zur Mitarbeit heran. Rossellini hatte 1947 Jean
Cocteaus Monodrama «Die geliebte Stimme» mit Anna Magnani verfilmt: Eine Frau, schwankend zwischen Exaltation und Verzweiflung, beschwört am Telefon noch einmal ihre Liebe. Die Filmkamera wurde zum
Mikroskop, um schonungslos den Prozeß der Selbstauflösung eines Menschen zu analysieren. Die bewegende Studie dauerte 35 Minuten; um sie
im Kino zeigen zu können, benötigte Rossellini ein entsprechend langes
Pendant, ebenfalls mit einer Hauptrolle für die Magnani. Fellini ent-
wickelte ein paar Ideen, schließlich wurde «Das Wunder» als zweiter Teil
von «Amore» realisiert. Die Geschichte spielt in einem abgelegenen
Bergdorf, im Mittelpunkt steht eine schwachsinnige Ziegenhirtin. Eines
Tages begegnet ihr ein blonder Vagabund (Fellini übernahm die Rolle
selbst, es blieb sein einziger Auftritt als Schauspieler). Weil der Fremde
einen wallenden Bart trägt, hält die einfältige Nannina ihn für den heiligen Joseph. Er macht sie betrunken bis zur Bewußtlosigkeit und nutzt die
Situation aus. Am nächsten Morgen ist der Mann verschwunden, und
keiner im Dorf will Nannina glauben, daß ihr der heilige Joseph begegnet
ist. Sie wird schwanger. Von der Zeugung weiß sie nichts; sie ist überzeugt, das Kind, das sie unter dem Herzen trägt, vom Heiligen Geist empfangen zu haben. Bei den Dorfbewohnern erntet sie nur Hohn und Spott,
doch das kann sie nicht beirren. Im Dorf kann sie nicht bleiben. Sie geht
einen steilen Weg hinauf, als die Wehen einsetzen; in der Kapelle auf dem
Berg bringt sie ihr Kind zur Welt und läutet die Glocken.

Es war eine heikle Geschichte, die Fellini sich hatte einfallen lassen.
Daß der Film nie peinlich wirkt, ist vor allem der Kunst Anna Magnanis
zu verdanken. Aufgebrachte Katholiken nahmen Anstoß, von Blasphe-
mie war die Rede: Der Film verspotte die unbefleckte Empfängnis. In
New York rief Kardinal Spellman zum Boykott auf. Das war ein Miß-
verständnis: Rossellini konfrontiert ein naives Menschenkind, das zwar
geistig verwirrt ist, aber einen unbeirrbaren Glauben besitzt, mit einer
Dorfgesellschaft, die sich für christlich hält, in Wahrheit aber gottlos und
unbarmherzig ist. Nannina ist ein wehrloser, schutzbedürftiger Mensch;
der Film, wenn er denn eine Botschaft hat, predigt die Liebe zur schwachen Kreatur. Rossellini verweigerte jede Interpretation: Der Film habe
keine über die Geschichte hinausweisende Bedeutung; diese Leute seien

*Roberto Rossellini (rechts) bei den Dreharbeiten zu
«Franziskus, der Gaukler Gottes», 1950*

so, wie sie im Film gezeigt werden. Tatsächlich hatte sein Drehbuchautor
sich inspirieren lassen von einem Erlebnis, das er als Kind in einem romagnolischen Dorf hatte.

«Amore», 1947/48 gedreht, steht in Rossellinis Biographie privat wie
künstlerisch für Krise und Übergang. Ein Jahr später, mit «Franziskus,
der Gaukler Gottes» überführte er den Neorealismus vollends in eine rein
spirituelle Wirklichkeit. Die Glaubensbrüder wurden von Mönchen gespielt; das Drehbuch schrieb er zusammen mit Fellini, unterstützt von
einem Jesuitenpater. Der Film basiert auf einer volkstümlichen Legen-
densammlung und erzählt in vielen kleinen, unspektakulären Episoden
aus dem Leben Franz von Assisis. Die Mönche sind naiv und unschuldig
wie Kinder, sie machen allerlei Dummheiten und verrückte Sachen – der
Ordensgründer beobachtet sie ernst, geduldig und demütig.[40] Das war
auch die Haltung des Regisseurs: Demut wurde zur zentralen Kategorie,
nach der Rossellini sein Denken und Handeln ausrichtete, und *Bescheidenheit in der Einstellung zum Leben* lernte Fellini bei ihm.[41] Die *wunder-
gläubige und apokalyptische Religiosität*[42], wie sie in der italienischen Pro-

vinz noch mächtig ist, hat Fellini immer fasziniert und manche Filmszene evoziert, aber verfallen ist er ihr nie. Über Rossellinis Wendung zum Katholizismus hat er sich öffentlich nicht geäußert. Bei «Europa 51» kam es noch zu einer flüchtigen Zusammenarbeit, aber da war Fellini bereits mit eigenen Plänen beschäftigt.

Bevor ich eigene Filme drehte, habe ich an vielen Drehbüchern mitgearbeitet. Es war eine Arbeit, bei der ich litt. Das Wort ist verlockend, aber es vernebelt jenen bestimmten Lebensraum, die ausschließlich visuelle Gegebenheit, die ein Film nun einmal ist.[43] Ein Drehbuch ist kein autonomes Werk, es bedarf der filmischen Realisierung. Mag die Geschichte noch so originell sein und die Dramaturgie stimmen, mögen die Dialogpointen sitzen und die Figuren psychologisch überzeugend gestaltet sein: Der literarische Rhythmus unterscheidet sich vom kinematographischen, und der Regisseur eignet sich das Buch an, indem er die schriftlich fixierte Vorlage in die Filmsprache übersetzt. Das Drehbuch ist ein Zwitter, weder Literatur noch Film; es ist kein eigenständiges Werk, sondern ein Zwischenprodukt, das von anderen weiterverarbeitet wird. Konflikte zwischen Autor und Regisseur sind vorprogrammiert, und der Regisseur bleibt immer Sieger: Er gibt dem Film die entscheidende Prägung. Pasolini definiert das Drehbuch als «Struktur, die eine andere sein will»[44], gemeint ist: Ein

Federico Fellini, Giulietta Masina, Carla Del Poggio und Alberto Lattuada, 1950

«Lichter des Varieté»

wirklich gutes Drehbuch enthält bereits im Text den ständigen Verweis auf ein herzustellendes Filmwerk. Fellini, der mit einem Autorenfilmer wie Rossellini gearbeitet hatte, wußte natürlich, daß er in dieser Funktion letztlich nur Zulieferdienste leistete. Denn auf die definitive Gestalt des Films hat der Drehbuchautor keinen Einfluß mehr.

Am Anfang von Fellinis Filmographie steht ein halber Film: Bei *Lichter des Varieté* (1950) zeichnete er neben Alberto Lattuada als Coregisseur. (Bei Rossellini, einem Regisseur mit ausgesprochen individueller Handschrift, wäre dies nicht möglich gewesen; Lattuada dagegen war ein Routinier mit sicherem ästhetischem Gespür und handwerklichem Können.) Der Film war ein Familienunternehmen: Fellini und Lattuada schrieben gemeinsam das Drehbuch und traten als Produzenten auf; ihre Ehefrauen Carla Del Poggio und Giulietta Masina spielten die weiblichen Hauptrollen. Vater Felice Lattuada komponierte die Filmmusik; Schwester Bianca Lattuada engagierte man als Produktionsleiterin. Einen nicht unerwünschten Nebeneffekt hatte die Beschäftigung von Familienmitgliedern: Die Kosten wurden gesenkt. Es war eine selbst finanzierte Produktion; die Gagen zahlten Fellini und Lattuada aus eigener Tasche.

Die ersten Filmbilder: eine nächtliche Straße ohne Leben. Die Stadt wirkt wie ausgestorben, nur ein buckliger Clochard löst sich aus dem Schatten. Der Mann wird angezogen von einem Schaukasten: Fotos von der Revue, die derzeit im Theater gastiert. Die Kamera verläßt die dunkle, menschenleere Straße und führt den Zuschauer ins Theater: Dort herrscht Leben, dort hat sich die ganze Stadt, ausgenommen den herumstreunenden Obdachlosen, versammelt, vergnügungssüchtig, aufgekratzt und erheitert von den derben Späßen und dem billigen Tingeltangel auf der Bühne. Mit dieser Exposition sind die beiden Pole ins Bild gebracht: die Lichter des Varietés, in deren verführerischem Glanz Glitzer und Glamour eine trügerische Scheinwelt produzieren, und die dunklen Nachtseiten des Alltags, die Verlorenheit des Menschen in einer trostlosen Realität.

Die Handlung in Umrissen: Liliana, ein auffallend hübsches Mädchen aus der Provinz, ist von zu Hause ausgerissen, um am Theater Karriere zu machen; der alternde Komödiant Checco erliegt ihren Reizen, und sie wird in die Varieté-Truppe aufgenommen. Um die Liebe des Mädchens zu gewinnen, stellt Checco sich als großer Künstler und einflußreicher Mann des Showgeschäfts dar; längst begrabene Träume und Hoffnungen werden wieder lebendig. Seine ewige Verlobte Melina (Giulietta Masina) ist von diesem zweiten Frühling weniger erbaut. Und Checco muß erleben, daß nicht er allein ein Auge auf Liliana geworfen hat. Ein Fest, zu dem die Truppe eingeladen ist, endet mit einem Eklat, als der Hausherr dem Mädchen nachstellt; die Künstler werden vor die Tür gesetzt und müssen im Morgengrauen, verfroren und verkatert, den Rückweg in die Stadt zu Fuß antreten. Checcos Versuch, mit und für Liliana eine neue Truppe zu formieren, scheitert kläglich; sein letztes Geld (und die Sparbücher Melinas) werden dabei aufgezehrt. Der alte Mann kann das junge Mädchen nicht halten; sie wendet sich einem Impresario zu, der ihr mehr zu bieten hat. Checco, abgebrannt und desillusioniert, kehrt reumütig zu Melina und zur Varieté-Truppe zurück. Vereint sitzt man in einem schäbigen Dritte-Klasse-Abteil, unterwegs zur nächsten Stadt, wo die Revue gastiert. Auf dem Bahngleis gegenüber, in einem Luxuswaggon, sitzt Liliana, neben ihr der Impresario. Man winkt sich zu, der Zug fährt ab. Ein junges Mädchen setzt sich in das Abteil zu Checco. Sofort wird der alte Narr wieder munter, und das Spiel beginnt von vorn.

Über die Autorenschaft des Films ist es nachträglich zum Streit zwischen beiden Regisseuren gekommen. Im Vorspann wird Lattuada vor Fellini genannt, und er war es wohl auch, der die Aufnahmen leitete, während der Neuling am Set meist daneben stand. *Ich kann mich nicht genau erinnern, was ich inszeniert habe und was er inszeniert hat, aber ich betrachte «Lichter des Varieté» als einen meiner Filme* [45], betonte Fellini in einem Interview. Die geistige Urheberschaft des Gemeinschaftswerks auseinanderzudividieren dürfte unmöglich sein. Lattuadas Interesse galt, das bestätigt ein Blick auf seine anderen Filme, der tragikomischen Figur. Checco ist ein trauriger Clown, eindrucksvoll verkörpert von dem volkstümlichen Komiker Peppino De Filippo (dem Bruder des neapolitanischen Dramatikers Eduardo De Filippo). Fellini dürfte die vielen kleinen

Geschichten hinter der Rampe eingebracht haben. Als junger Mann will er mit Aldo Fabrizis Varieté-Truppe durchs Land gezogen sein. Jedenfalls kannte er das Künstlervölkchen, die Eifersüchteleien und Intrigen, die Lebenslügen und Zusammenbrüche, die Sucht nach Applaus und Ruhm. Der abendliche Bühnenzauber, der Auftritt im Scheinwerferlicht und die Begeisterung des Publikums einerseits, die desillusionierende Schäbigkeit der Künstlergarderobe beim Abschminken andererseits, das sind nach Fellini *die zwei Gesichter einer Wahrheit*[46]. Ihm ging es nicht darum, die Scheinwelt des Theaters zu entlarven; das Schauspieler-Milieu, aufgesucht im Schmierentheater, wird mit liebevoller Ironie gezeichnet.

In seinen späteren Filmen wird er den Zuschauer immer wieder ins Theater führen, wo zweitklassige Künstler sich – oft unfreiwillig komisch – vor einem grölenden Publikum produzieren. Seit der Kindheit, als er staunend und verzaubert den Vorführungen im Zirkus, im Varieté und im Kino – dem damals das Avanspettacolo, ein Vorprogramm mit Verwandlungskünstlern, Witzeerzählern usw. vorausging – folgte, hat ihn diese Welt fasziniert. Hier liegt für ihn der Ursprung des Kinos, und ein Filmregisseur ist nach seiner Definition *ein Mann des Schau-Spiels*, gemeint ist *jene Mischung aus Zauberkünstler und Taschenspieler, aus Prophet und Clown, aus Krawattenverkäufer und Prediger, die man sein muß, wenn man Schauspiele machen will*[47].

Federico Fellini mußte zunächst in die *Vorhölle der Drehbuchschreiberei*[48] zurückkehren, bis sich eine neue Chance ergab. Für Michelangelo Antonioni hatte er ein Drehbuch geschrieben, das die *Giornali a fumetti* – eine spezifisch italienische Variante der Regenbogenpresse: den Fotoroman – satirisch aufs Korn nahm. Antonioni hatte dieses Thema bereits in einem kurzen Dokumentarfilm behandelt. Fellini mußte nicht erst recherchieren. Er wußte, aus welchen Versatzstücken die trivialen Liebesromane bestanden, wie sie mit inszenierten Fotos bebildert und mit Sprechblasen versehen werden. Er hatte als Journalist auch für Blätter wie «Cinemagazzino» und «Cineillustrato» gearbeitet; er kannte die Träume und Schwärmereien der Fans, war er doch eine Zeitlang für die Leserpost zuständig gewesen.

Zusammen mit Pinelli entwarf er den Plot. Ein junges Paar verbringt in Rom die Flitterwochen. Ivan, ein rechter Spießer, hat alles bestens geplant: Treffen mit den Verwandten, Audienz beim Papst usw. Doch kaum sind sie angekommen, stiehlt sich Wanda aus dem Hotelzimmer. Sie will den «weißen Scheich», Held einer Fumetti-Serie, kennenlernen und sucht deshalb die Redaktion auf. Sofort wird sie kostümiert und zu den Außenaufnahmen mitgenommen. Der angebetete Star entpuppt sich als Möchtegern-Gigolo. Parallel dazu sehen wir Ivan in höchsten Nöten: Daß die Braut durchgebrannt ist, muß er vor der Familie verheimlichen; auf seiner panikartigen Suche nach Wanda gerät er in eine Kette von kuriosen Mißverständnissen. *Der weiße Scheich* ist ein burleskes Spiel: Altbe-

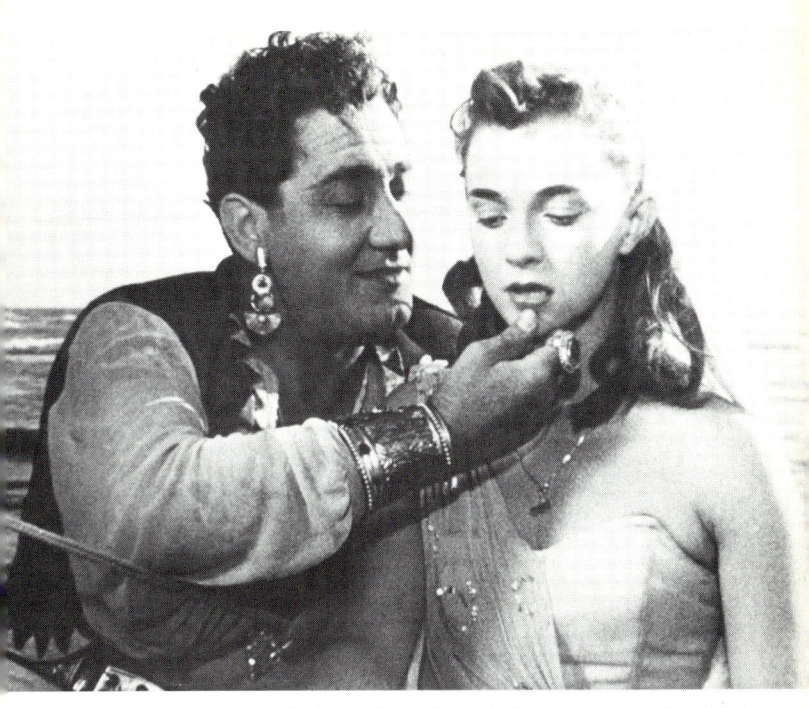

Alberto Sordi und Brunella Bovo in «Der weiße Scheich»

kannte Schwankmotive und Situationskomik werden verbunden mit der
satirischen Durchforstung von Illusionen, Kitsch und Alltagsideologie
made in Italy. Während Wanda ihrem Fumetti-Helden nachläuft, *folgt ihr
Gatte seiner eigenen Mythologie: Papst, Ehrbarkeit, Respektierlichkeit,
Bersaglieri, Nation, König.*[49] Wanda kehrt aus der Welt der Träume zurück in die Wirklichkeit; unter Schluchzen gesteht sie ihrem Ivan: *«Mein
weißer Scheich bist jetzt du»*, und man macht sich auf den Weg zum Peters-
dom. Dem Prozeß der Läuterung setzt Fellini ein ironisches Licht auf. Mit
seliger Miene schaut Wanda in die Ferne, und Ivan, noch immer mißtrau-
isch, folgt ihrem Blick: zur Engelsstatue auf der Kolonnade. Nun ist er
beruhigt, gegen Frömmigkeit ist nichts einzuwenden.

Erstmals agierte Fellini, der für den erkrankten Antonioni einsprang,
als allein verantwortlicher Regisseur. Einige kühne Bildfindungen (ein
Beispiel: der weiße Scheich während der Drehpause auf einer hohen
Schaukel) weisen bereits auf die spätere Meisterschaft hin, insgesamt
aber wirkt die Inszenierung konventionell. *Der weiße Scheich* ist der Film
eines Drehbuchautors: Die Konstruktion der Handlung, die Verkettung
der Ereignisse und die Entwicklung der Figuren stehen im Vordergrund.

«*I Vitelloni*»

In *I Vitelloni*, seinem nächsten Film, bestechen andere Qualitäten. Der Konflikt zwischen Illusion und Realität, zwischen Schein und Sein bleibt Fellinis Thema, doch die mechanische Dramaturgie wird aufgegeben, eine freiere Erzählstruktur gewagt. Nicht dem turbulenten Fortgang der Handlung, sondern den kleinen Gesten und banalen Geschichten widmet der Regisseur seine Aufmerksamkeit. Die Helden sind nicht mehr Vehikel für die Story. Was die Leinwand zeigt, so der französische Filmkritiker André Bazin über *I Vitelloni*, ist «nicht nur oft ohne dramatische Bedeutung, ohne logische Tragweite für den Ablauf der Erzählung, sondern sogar meistens nur ein leeres Agieren, das Gegenteil eines Handelns: stumpfsinniges Schlendern am Strand, albernes Herumspazieren, lächerliche Angebereien... Doch gerade durch diese Gesten, diese in gewisser Weise nebensächlichen Aktivitäten, die in den meisten Filmen weggelassen werden, offenbaren die Personen sich uns in ihrem geheimsten Wesen.»[50] In vielen kleinen, atmosphärisch dichten Episoden vermittelt Fellini fast beiläufig ein Lebensgefühl. Erstmals verfolgte er einen autobiographischen Ansatz: Der persönliche Blick bestimmt die Sicht.

Pesaro ist ein Badeort, ähnlich wie Rimini. Die Strandkabinen werden schon abgebaut, im Kursaal findet das letzte Fest der Saison statt. Wenn die Touristen verschwunden sind, fällt die Stadt in Winterschlaf. Die Vitelloni sind eine Gruppe von nicht mehr ganz jungen Männern, die keiner

Arbeit nachgehen und die Zeit im Billard-Café an der Piazza totschlagen. *Sie verbringen den Tag mit Gesprächen und kleinen Streichen, die Schulbuben anstünden, und sie produzieren sich in den drei Monaten der Badesaison, deren Erwartung und Erinnerungen das ganze restliche Jahr einnehmen.*[51] Den Mädchen stellen sie nach, Kleinstadt-Casanovas auf der Suche nach Abenteuern. Konsequenzen fürchten sie; Moral und Anstand kennen sie nicht. Aber zu Hause wagen sie kein Widerwort. Es sind große Kinder, nie erwachsen gewordene *Muttersöhnchen*, die, obwohl bald dreißig, noch immer in der Familie leben und sich aushalten lassen – warum sollten sie freiwillig den heimischen Futtertrog verlassen? Sie gehen immer den Weg des geringsten Widerstands; werden sie gefordert, erweisen sie sich als Feiglinge. Dem Ernst des Lebens weichen sie aus, was sie nicht hindert, über die Leere ihrer Existenz zu klagen. Das Kleinstadt-Leben ödet sie an, für die biedere Rechtschaffenheit der Bürger haben sie nur Verachtung übrig. Und doch haben sie hier ihre Zukunft vor Augen, denn irgendwann werden auch sie so sein. Ihnen fehlt die Kraft, sich aus diesen Verhältnissen zu befreien. Nur Moraldo, der ohne rechte Überzeugung ihre stupiden Streiche mitmacht, verläßt eines Morgens ohne Abschied das verschlafene Kaff am Meer.

I Vitelloni beschwört die Tristesse der Provinz. An einem trüben Herbstnachmittag suchen die Vitelloni den menschenleeren Badestrand auf und blicken von der Holzmole aufs verhangene Meer. Irgendwo im fahlen Licht verliert sich der Horizont – eine Szene, grau in grau gehalten

und doch voller Poesie. Den Kontrast bilden wiederum schrille Festivitäten und der anschließende Katzenjammer, Kulminationspunkte der
Handlung. Die Wahl der Schauplätze, die Bildregie und die subtile Sze-
nenführung machen den Film zu einem frühen Meisterwerk. Manchmal
bewegt sich die Kamera träge wie ein Vitelloni. Dann wieder, wenn die
Droge der Illusion zu wirken beginnt, werden auch die Einstellungen le-
bendiger, die Schnittfolgen rascher. Der subjektiven Kamera steht der
objektivierende Erzählerkommentar gegenüber. Die Stimme aus dem
Off gibt mit spöttischem Unterton eine Chronik der Ereignisse. Die groß-
klotzigen Reden der Vitelloni werden zurechtgerückt, doch trotz aller
Distanz, ja Verurteilung des amoralischen Treibens schwingen Sympathie
und Verständnis mit.

Das ist auch die Perspektive des Films. Ein bißchen wehmütig, aber im
vollen Bewußtsein, daß hier keine Zukunft ist, rückt der Film einen Mi-
krokosmos ins Blickfeld. Fellini porträtiert eine Clique, in der Lethargie
und Langeweile geradezu zelebriert werden: die sinnlosen Rituale und
infantilen Scherze einer Gruppe von «überflüssigen Menschen» (so der
Titel einer Erzählung von Anton Tschechow, dessen melancholische
Weltsicht im Film aufscheint). Moraldo ist sicher die Figur, die Fellini am
nächsten steht, aber auch Fausto, Leopoldo, Riccardo und Alberto sind
ihm vertraut. *Immer wieder war ich es, der aus meinen Personen sprach,
nur mit einer anderen Stimme.*[52] (Übrigens spielte auch sein Bruder Riccardo Fellini mit, damals *ein echter Vitellone*, heute ein renommierter
Regisseur von Fernsehdokumentationen.) Der Film ist nicht autobiographisch im engeren Sinne: Keineswegs werden eigene Erlebnisse und Erfahrungen geschildert; es ist ein Werk der Imagination, angesiedelt in der
Dimension der Erinnerung[53]. Entsprechend wurde *I Vitelloni* auch nicht
an Originalschauplätzen gedreht, sondern in Ostia bei Rom: . . . *weil es ein
erfundenes Rimini ist.*[54]

Lichter des Varieté war kaum mehr als ein Achtungserfolg; *Der weiße
Scheich* wurde ein Flop. Zunächst gab es Schwierigkeiten, einen Verleih
für *I Vitelloni* zu finden, aber als der Film bei den Filmfestspielen in Venedig 1953 herauskam, waren Presse und Publikum gleichermaßen begeistert. In der Tageszeitung «La Stampa» hieß es: «Der italienische Film hat
einen neuen Regisseur. Einen, der seine eigenen, persönlichen Vorstellungen verwirklicht, ohne auf die üblichen Traditionen der Branche zu-
rückzugreifen. Er ist ein wahrer Künstler, sein Werk sprüht vor Leben
und ist voller Bedeutung.»[55] Fellini wurde in Venedig mit dem Silbernen
Löwen ausgezeichnet, damit war ihm der Durchbruch geglückt. In
Deutschland nannte der Verleih den Film *Die Müßiggänger*, doch international setzte sich *I Vitelloni* durch. (Auch die Filmtitel *La Strada*,
Amarcord und *La Dolce Vita* wurden nie übersetzt.) «Große Kälber»
heißt Vitelloni wörtlich; die übertragene Bedeutung ist eine Prägung Fellinis, die in die italienische Alltagssprache einging.

Unmittelbar vor den Schlußeinstellungen sehen wir Moraldo am Zug-
fenster: Die Häuser des Städtchens werden kleiner, verschwinden in der
Ferne. Unterlegt mit dem beständigen Rattern der Waggons folgt eine
Montage von raschen Überblendungen: Die anderen Vitelloni liegen
noch in den Betten, schlafen tief und fest. Zehn Jahre später wurde ein
Film mit einer ähnlichen Sequenz eröffnet: die Bewohner einer kleinen
Stadt in Apulien beim Mittagsschlaf. «I basilischi» von Lina Wertmüller
schildert – härter, mitleidlos – die Langeweile und Trägheit jugendlicher
Müßiggänger. Durch Fellini, bekannte die Regisseurin, habe sie das Kino
entdeckt. Er ließ sie bei *8½* assistieren und förderte ihr Filmdebüt. Der
Titel «I basilischi» stammt von Fellini, laut Wörterbuch bezeichnet man
so Reptilien. Die Basilischi sind, ähnlich wie seine Vitelloni, unproduktiv
und harmlos wie Eidechsen, die sich faul in der Sonne des süßen Nichts-
tuns wärmen.[56]

Ein Moritatensänger der Landstraße

Der Schausteller Zampanò zieht übers Land und läßt seine Kräfte bewundern: Mit bloßem Brustkasten kann er Eisenketten sprengen. Er braucht eine Helferin, und für 10000 Lire kauft er die törichte, leicht zurückgebliebene Gelsomina ihrer Mutter ab. Das Mädchen begleitet ihn auf seinen Fahrten mit dem umgebauten Dreirad, und sie assistiert ihm bei seinen Auftritten auf den Marktplätzen. Sie ist ungeschickt und linkisch, Zampanò brüllt sie an und schlägt sie. Er betrachtet sie als sein Eigentum. Für die verschüchterte Gelsomina hat er kaum ein Wort übrig; er gibt ihr das Gefühl, für nichts auf der Welt nütze zu sein. Das herumgeschubste Mädchen ist glücklich, als ihr der Seiltänzer Matto begegnet: Er ist freundlich und sanftmütig, ein rechtes Gegenstück zu dem ungehobelten Kerl Zampanò. Nach diesem Gespräch entwickelt sie zaghaft erste Ansätze von Selbstbewußtsein. Wenig später kommt es zum Streit zwischen Matto und Zampanò. Der brutale Gewaltmensch, der mit seinen Kräften nicht umgehen kann, erschlägt den Seiltänzer. Gelsomina ist tief verstört. Zampanò kann das nicht länger ertragen, und sie ist auch so nicht zu gebrauchen; er läßt sie einfach irgendwo zurück und reist allein weiter. Viele Jahre später erfährt Zampanò zufällig, daß Gelsomina an ihrem Leid gestorben sei. Zum erstenmal rührt sich bei dem dumpfen Kraftprotz ein Gefühl, er wütet und betrinkt sich, sucht den einsamen Strand auf – und weint.

Eine Landstraße, die sich in Serpentinen einen Hügel hinaufwindet, ringsum öde Felder. Hinter dem Gebüschstreifen parkt eine schwarze Limousine. Drei Männer ziehen sich um, streifen sich Priestergewänder über. Es sind Trickbetrüger, die, verkleidet als Monsignore und Begleiter, den tumben Bauern auf dem Land das Geld aus der Tasche ziehen. Auch unter den Armen in den Vorstadt-Slums finden die Betrüger gutgläubige Opfer: Sie geben sich als städtische Beamte aus, zuständig für die Zuteilung von Sozialwohnungen. Doch das Gauner-Trio zerbricht: Roberto setzt seine Betrügereien in den besseren Kreisen fort; Picasso wird von seiner Frau zur Ehrbarkeit gezwungen. Nur der alternde Augusto bleibt im Metier. Er sucht sich neue Mitarbeiter und wiederholt die Monsignore-Inszenierung auf dem nächsten Bauernhof. Alles klappt, es gibt nur einen kurzen Moment der Irritation, als Augusto allein hinausgeführt wird, um

einem gelähmten Mädchen den Segen zu erteilen. Vielleicht ist er wirklich einen Augenblick gerührt, doch wenig später nutzt er die Situation für sich: Aus Mitleid, lügt er den anderen vor, habe er dem Mädchen das ergaunerte Geld gegeben. Man glaubt ihm nicht, er wird mit Fußtritten und Steinen traktiert, und tatsächlich findet sich das Geld versteckt in seinem Schuh. Die erbosten Kumpane lassen den blutüberströmten Mann am Straßengraben liegen. Am nächsten Morgen zieht eine fröhliche Kinderschar vorbei. Mit schwacher Stimme bettelt Augusto: «*Wartet auf mich*», doch niemand hört ihn. Er stirbt einen qualvollen, einsamen Tod am Straßenrand.

Das Straßenmädchen Cabiria hat wieder eine Enttäuschung hinter sich. Bei einem Spaziergang am Tiber hat Giorgio ihr die Handtasche geklaut und sie in den Fluß gestoßen. Aus der Traum von Liebe und bürgerlichem Glück; Cabiria stellt sich wieder zu den anderen Dirnen an die Via Appia. Ein Filmstar, gerade mit seiner Geliebten zerstritten, gabelt sie auf und nimmt sie mit zu sich nach Hause; doch die Freundin kehrt zurück, und Cabiria muß sich die Nacht über im Badezimmer verstecken. Ein paar Tage später, bei einer Prozession, bittet sie die Madonna um Hilfe. Ein Wunder passiert: Nach dem Besuch des Varietés spricht sie ein Mann an, er will sie heiraten. Cabiria verkauft ihr Häuschen und gibt ihre Ersparnisse dem Buchhalter Oskar. Doch auch er hat es nur auf ihr Geld abgesehen. Er lockt sie auf einen einsamen Waldweg, und plötzlich spürt Cabiria: Der Mann will sie umbringen. Sie bricht zusammen, schreit ihn an, er solle sie töten – Oskar ergreift die Flucht. Cabiria irrt durch den nächtlichen Wald, findet schließlich zurück auf die Landstraße. Sie wird eingeholt von einer Gruppe junger Leute, die sie fröhlich und ausgelassen umtanzen. Auch wenn sie sich zunächst dagegen wehrt, dem Zauber der im Mondschein dargebrachten Serenade kann sie sich nicht entziehen. Langsam gewinnt sie wieder Lebensmut: Ein Lächeln huscht über Cabirias Gesicht.

Drei Fellini-Filme, entstanden in den Jahren 1954 bis 1957: *La Strada*, *Die Gauner* und *Die Nächte der Cabiria*. Einfache Geschichten, nacherzählbare Fabeln. Schicksale, die sich auf der Straße vollziehen. Das Leben spielt sich nicht in Wohnzimmern, aber auch nicht in Büros und Fabrikhallen ab. Fahrendes Volk, Betrüger, Prostituierte, aus der Perspektive der Bürger allesamt Asoziale. Menschen am Rand der Gesellschaft, ohne ein echtes Zuhause, immer unterwegs und in instabilen Verhältnissen. Fellini schildert keine großen Dramen, seine Filme sind Balladen. Er bezeichnet sich als *Straßensänger*[57]. Die letzte Strophe spielt häufig dort, wo die erste einsetzte: Am Ende kehren die Menschen an den Ausgangspunkt zurück. Ein anderes Leben gibt es für sie nicht, und doch hat sich etwas geändert. Mag ihre Existenz noch so verpfuscht sein, ein ausweglloses Elendspanorama wird nicht entworfen. Immer gibt es einen hellen Punkt der Hoffnung, eine Chance für Umkehr und Läuterung, auch wenn sie vielleicht für dieses Leben zu spät kommt.

Als professionellen Regisseur, so Fellini in einem frühen Interview, begreife er sich nicht. *Lieber bin ich ein Landstreicher, der auf alles neugierig ist.*[58] Er holt sich seine Anregungen nicht aus der Literatur oder dem Kino, sondern von der Straße. Die Figur des Zampanò geht auf eine Kindheitserinnerung zurück: Bei einem Besuch im Zirkus beobachtete der Junge unter den Artisten einen schweigsamen Sonderling, der mit niemandem ein Wort sprach. *Alle machten sich über ihn lustig, aber nur aus der Ferne, denn er war sehr gewalttätig.*[59] Auch die beiden anderen Filme haben ihren Ursprung in zufälligen Begegnungen mit Menschen. Fellini ließ sich ihr Leben erzählen, aber er begnügte sich nicht damit. Er stellte Recherchen an, um das Milieu bis ins Detail wirklichkeitsgetreu schildern zu können. Für *Die Nächte der Cabiria* zog er einen Berater hinzu: Pier Paolo Pasolini kannte den Jargon der römischen Unterwelt, hatte er doch am Ponte Mammolo gewohnt, wo die kleinen Diebe, die Nutten und ihre Zuhälter lebten. In *Die Gauner* – der Originaltitel *Il bi-*

Cesare Zavattini und Vittorio De Sica

done zitiert einen Ausdruck aus der Ganovensprache – wirkten der Schwindler, der für die Filmfigur Augusto Modell stand, und einige seiner Kollegen mit. Kein Zweifel, Arbeitsweise und sozialer Hintergrund verweisen auf den Neorealismus, und doch wurde Fellini von Vertretern dieser Richtung heftig angegriffen, wurde ihm Verrat vorgeworfen.

Kurz vor Beginn der Dreharbeiten zu *La Strada* hatte er eine Episode zu dem Gemeinschaftsfilm «Liebe in der Stadt» beigesteuert. Der Film war konzipiert wie ein Wochenschau-Magazin: «Liebe, die man bezahlt», eine Reportage über die Prostituierten von Rom, gedreht von Carlo Lizzani. «Paradies für vier Stunden», Beobachtungen in einem Tanzlokal der Vorstadt, ein Beitrag von Dino Risi. Francesco Maselli und Cesare Zavattini hatten eine ledige Mutter vor die Kamera geholt, die aus Not und Verzweiflung ihr Kind ausgesetzt hatte: «Die Geschichte von Caterina». Vier Frauen, die einen Selbstmordversuch hinter sich haben, wurden von Michelangelo Antonioni interviewt. Alberto Lattuada ließ eine Schar wohlgeformter Mädchen auf der Straße flanieren und filmte die entsprechenden Reaktionen: «Die Männer drehen sich um» hieß sein Beitrag. Wie es in einem *Heiratsvermittlungsbüro* zugeht, war Fellinis Thema: Ein Journalist, der Material für eine Reportage sucht und die Ehe als Geschäft Liebe gegen Geld entlarven will, schlüpft in die Rolle eines Kunden. Er suche für einen steinreichen Freund – offenbar handelt es sich um einen Greis, der zudem geistesgestört ist – eine junge Frau. Eine Bäuerin ist bereit, sich mit diesem Monster zu verbinden. Er trifft das Mädchen, schildert die Situation, will sie von dem Plan abbringen – vergeblich, sie erteilt ihm eine Lektion in christlicher Nächstenliebe. Diese Episode, mit Laiendarstellern realisiert, fiel aus dem Konzept etwas heraus: Zum einen wird an Stelle der dokumentarischen Momentaufnahme eine Geschichte erzählt, zum andern lieferte Fellini in der Figur des Journalisten eine intelligente Parodie auf den Grundgestus des Films.

«Liebe in der Stadt» war auf Initiative von Zavattini zustande gekommen. Den Anspruch hatte der theoretische Kopf der Neorealisten vorher formuliert: Die Aufgabe des Films heute sei «Prüfung und Erforschung der Wirklichkeit». Fakten sollten «ohne jeden Zusatz von Phantasie» präsentiert werden. «Ein hungernder, ein erniedrigter Mensch muß gezeigt und mit seinem Vor- und Zunamen benannt werden. Es soll keine Fabel erzählt werden, in der ein Hungriger vorkommt, denn das ist etwas anderes, weniger wirksam, weniger moralisch.»[60] Der Drehbuchautor Zavattini verstand dies nicht als Richtschnur für die eigene Arbeit, sondern er wollte auf diese Haltung die Neorealisten verpflichten. Fellini dagegen nannte sich ausdrücklich einen *Geschichtenerzähler* und wandte sich gegen ein naturalistisches Konzept, das *die Realität abfotografieren wollte, so wie sie ist, ohne Vermittlung durch die Kunst*[61]. Die bloße Abbildung genüge nicht, man müsse der vorgefundenen Wirklichkeit einen Ausdruck geben.

Der Konflikt begann als ästhetische Debatte und wurde zu einer politischen Auseinandersetzung. Zavattinis Vorwurf an den Schöpfer von *La Strada* lautete: Flucht aus der Wirklichkeit. Guido Aristarco, Herausgeber der Zeitschrift «Cinema nuovo», fällte folgendes Verdikt über Fellini: «Seine Anteilnahme an der Wirklichkeit ist episodenhaft, fragmentarisch, nur sporadisch angereichert durch realistische Elemente und Haltungen; bei Fellini finden wir kein Gefühl für unsere alltäglichen Erfahrungen.»[62] Luchino Visconti ergänzte: *La Strada* zeige Ausnahmen, seine Personen seien nicht repräsentativ; von den tatsächlichen Problemen der Armut im Lande werde im Film nichts sichtbar. Es ist wahr, so authentisch das Milieu auch dargestellt ist, sozialkritisch intendierte Geschichten erzählt Fellini nicht.

Hier hatte ein Regisseur nicht ein Thema gewählt, um gesellschaftliche Einsichten zu vermitteln, sondern er hatte in seinen persönlichen Erinnerungen und Träumen eine Geschichte entdeckt. *Anfangs war «La Strada» nur eine unbestimmte Empfindung, ein schwebender Ton, der in mir das Gefühl unendlicher Traurigkeit weckte. Es war der Schatten eines undefinierbaren und verzehrenden Schuldgefühls, das sich aus Erinnerungen und Vorahnungen zusammensetzte. Meine Empfindungen führten mir lebhaft die Reise zweier Geschöpfe vor Augen, die unauflöslich miteinander verbunden sind, ohne zu wissen warum.*[63] Einen Film konzipieren, das heißt bei Fellini: eine Geschichte aus dem Unterbewußtsein heben, die

Luchino Visconti

Emotionen mit einer Fabel verknüpfen, ohne sie einzuebnen oder gar einer konventionellen Konstruktion zu opfern. Die Fabel von *La Strada* ist so einfach, daß sie Gleichnischarakter annimmt: eine poetische Parabel von der *Schwierigkeit der Menschen, miteinander zu kommunizieren und dem grauenhaften Abgrund, der zwischen zwei menschlichen Wesen aufbrechen kann*[64]. Und er beharrte darauf, daß dieses Thema gesellschaftliche Relevanz hat: *Die Geschichte eines Menschen, der seinen Nächsten entdeckt, ist ebenso wichtig, ebenso wirklich wie die Geschichte eines Streiks.*[65]

Der marxistische Filmkritiker Aristarco knüpfte an Fellinis Bemerkung über den autobiographischen Ursprung an, meinte, der Regisseur sei irgendwie auf dem Status eines Heranwachsenden stehengeblieben und repräsentiere eine anachronistische Position. *La Strada* führe zurück zur Tradition der Vorkriegsliteratur, als gewisse Einzelgänger glaubten, durch Beschwörung von privaten Stimmungen und Erinnerungen Poesie hervorzubringen. «Diese Geschichte lebt nur innerhalb der Realität der Erzählung selbst, und anstatt reflektiert zu werden, wird sie durch den Prozeß der Individualisierung absorbiert; sie hebt ihr geschichtliches Wesen auf, nur um in ein symbolisches Diagramm, eine Legende, in einen

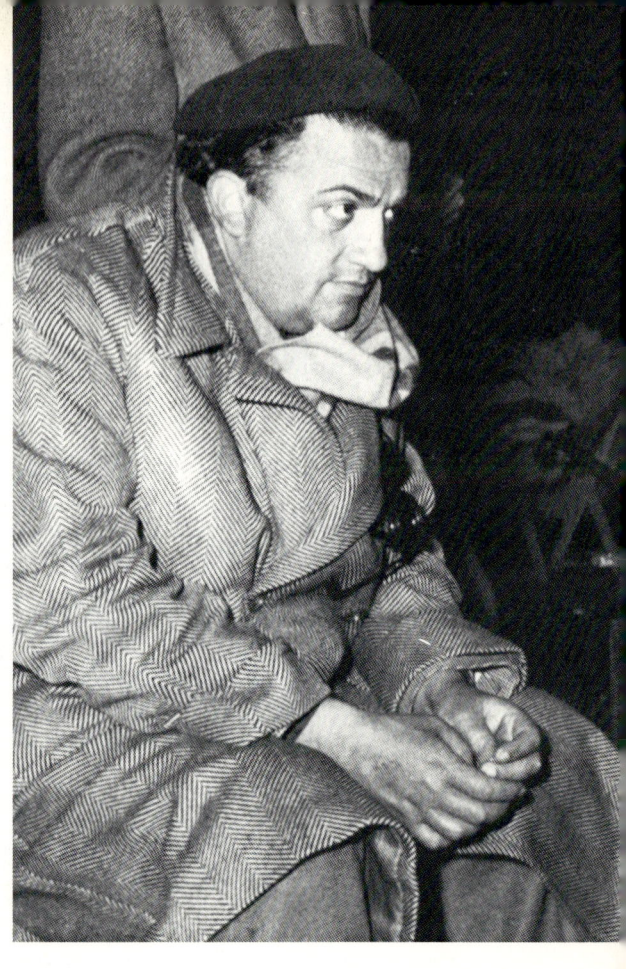

Mythos verwandelt zu werden.»[66] Fellini, zweifellos ein begnadeter Regisseur, habe sich auf den trügerischen Pfad der Suggestion begeben. Visconti konstatierte kurz und bündig: «*La Strada* ist in keiner Hinsicht ein neorealistischer Film»[67], und fügte polemisch hinzu, Fellini habe die Neoabstraktion erfunden, ein Begriff, der den angegriffenen Kollegen in Rage brachte. In seiner Antwort verwahrte er sich gegen diese Terminologie: Schließlich überwinde gerade er die abstrakte Herangehensweise und ignoriere alle soziologischen und ästhetischen Schemata *zugunsten einer – möglicherweise gewagten – persönlichen und erfüllenden Inspiration*[68].

*Fellini, Giulietta Masina und Richard Basehart (Darsteller
des Il Matto) in einer Drehpause von «La Strada», 1954*

Der gereizte Tonfall ist verständlich. Fellini wehrte sich gegen eine ein-
engende Definition von Neorealismus, einer Strömung, der er sich seit
«Rom, offene Stadt» zugehörig fühlte, deren Grenzen er aber noch längst
nicht ausgeschritten glaubte. *Für mich ist der Neorealismus eine Möglichkeit, die Wirklichkeit ohne Vorurteil zu sehen, ohne daß die Konventionen dabei eine Rolle spielen.* Auch keine politischen, war unausgesprochen damit gemeint. *Der Realismus ist weder eine Halle noch ein Panorama mit nur einer Dimension. Eine Landschaft zum Beispiel hat Schichten von verschiedener Dichte, und die tiefste, die, die nur eine poetische
Sprache heraufheben kann, ist nicht die unwirklichste.*[69] Vom Ausland

fühlte er sich besser verstanden. Der Franzose André Bazin, Chefredakteur von «Cahiers du cinéma», ordnete *La Strada* schon auf Grund der Ästhetik der Inszenierung dem Neorealismus zu. «Die Erscheinung wird uns immer als singuläre Entdeckung, als quasi dokumentarische Offenbarung geboten, die als detaillierte Beschreibung ihr Gewicht behält.»[70] Es gibt nichts Zufälliges und nichts Gewolltes, jedes Bild ist realistisch und ebenfalls Zeichen. Fellini verzichtet auf dramatische Verknüpfungen und vertraut ganz der phänomenologischen Beschreibung. Die Figuren sind nicht als Charaktere konstruiert: Bazin spricht von einem «Neorealismus der Person», eine ästhetische Formel, die der Regisseur dankbar aufgriff.

Der Mensch ist nicht nur ein soziales Wesen, sondern auch ein göttliches.[71] Unter der realistischen Oberfläche schimmern existentielle Wahrheiten. Der Zustand der Verlorenheit als menschliche Grundsituation: Gelsomina und Zampanò, Cabiria und Augusto, sie sind Ausgestoßene, Fremde in dieser Welt. Ihr Weg ist eine Passionsgeschichte; am Ende, nach Schmerz und Bitternis, wird ihnen Gnade und Barmherzigkeit zuteil. Der Prozeß der Läuterung hat immer auch eine religiöse Dimension. Man hat Fellini einen christlichen Dichter genannt, Gelsomina und Cabiria als allegorische Figuren deuten wollen: Sie repräsentieren die Reinheit des Herzens in einer brutalen Welt. Ist Gelsomina, diese kindlich-unbedarfte Unschuld, ein fernes Echo jener schwachsinnigen Heiligen, deren Geschichte Fellini in «Das Wunder» erzählte? Ist Matto – wörtlich übersetzt bedeutet der Name: verrückt – ein Narr Gottes? Der Seiltänzer tritt hoch über der Erde mit Engelsflügeln auf; der erschlagene Artist wird mit ausgebreiteten Armen von Zampanò über den Boden ins Gebüsch gestreift: ein Gekreuzigter. Doch vor Überinterpretation sei gewarnt: Ein Straßensänger ist kein Wanderprediger. *Ich bin weder Sittenrichter noch Pfarrer, noch Politiker*, betont Fellini. *Ich bin nur ein Erzähler, und Filmemachen ist mein Beruf.*[72]

Er bekennt, ein von Natur aus religiöser Mensch zu sein, *weil die Welt und das Leben für mich von Geheimnis umhüllt sind*[73]. Aber er sagt zugleich: *Vielleicht bin ich ein Ketzer. Mein Christentum ist im Rohzustand verblieben.*[74] Gefragt nach seinem Verhältnis zum Katholizismus, gibt er die Auskunft, als Italiener sei er zumindest im soziologischen Sinn ein Produkt dieses Milieus. Er könne *nicht nicht-katholisch* sein. Schließlich ist es nur realistisch, wenn seine Filmfiguren immer wieder mit kirchlichen Institutionen und Würdenträgern, mit Insignien und Devotionalien in Berührung kommen. Wenn Gelsomina und Zampanò in ihrem seltsamen Vehikel eine Nonne mitnehmen und sie die Gelegenheit nutzen, im Kloster zu übernachten, so ist das eben auch Teil italienischer Wirklichkeit.

Ordnet man die Fellini-Äußerungen zum Thema Religion und Kirche chronologisch, könnte man fast von einem Säkularisierungsprozeß sprechen. Ende der fünfziger Jahre findet man Glaubensbekenntnisse, Übun-

«Die Schwindler»

gen in franziskanischer Bescheidenheit, an die Kirche adressiert und in demütigem, ja devotem Stil verfaßt wie der 1957 veröffentlichte *Brief an einen Jesuitenpater*. Das Mysterium des Menschseins definiert Fellini als *die großen irrationalen Linien seines spirituellen Lebens, die Liebe, das Seelenheil, die Erlösung, die Fleischwerdung. Im Zentrum der verschiedenen Schichten der Wirklichkeit steht für mich Gott, der Schlüssel der Mysterien*.[75] In späteren Jahren ist ein blasphemischer Zungenschlag unverkennbar. Er halte nichts von den Dogmen der Kirche, mache von den Sakramenten keinen Gebrauch, sei *jedoch der Meinung, daß das Gebet als eine Gymnastik betrachtet werden könne, durch die wir dem Übernatürlichen nach und nach näher kommen*[76]. Wiederum ein Jahrzehnt später begreift er das katholische Erbe als Fessel, von der er sich befreien mußte. Wobei er durchaus dankbar sei für *all die Beschädigungen, Obskuritäten und Tabus*, denn sie bildeten die notwendige Voraussetzung für *belebende Rebellionen*. Und natürlich habe die katholische Religion große Vorzüge: *Mir gefallen ihr Prunk, ihre unwandelbaren, hypnotischen Darstellungen und aufwendigen Inszenierungen, die düsteren Gesänge, der Katechismus, die Papstwahl und der grandiose Pomp der Leichenbegräbnisse.*[77]

Federico Fellini beutet die Schauwerte religiöser Rituale und katholischer Zeremonien nicht aus, sie sind integraler Bestandteil seiner Bildphantasie. Sowohl in *La Strada* wie in *Die Nächte der Cabiria* hat er an zentraler Stelle eine Prozessionsszene eingefügt. Gelsomina, die Zampanò weggelaufen ist, gerät zufällig in den Umzug der Ortsheiligen. Sie wird in der Straße von der Menschenmenge herumgeschubst; der Regisseur kommentiert die Situation mit Ironie: Im Schaufenster eines Metzgers sind Kalbsköpfe ausgestellt. Ein Blick in die hell erleuchtete Kapelle, dann eine Überblendung auf die Show des Seiltänzers auf dem Marktplatz: Volkstümliche Spektakel das eine wie das andere.

Die Prostituierten von der Via Appia beschließen spontan, am Sonntag zur Divino Amore zu gehen, einer Wallfahrtskirche auf einem Hügel außerhalb Roms. Hier herrscht am Sonntagmorgen großer Auftrieb. Die Szene erinnert an ein Volksfest: Es gibt Kerzen, aber auch Süßigkeiten zu kaufen; ein Fotograf bietet seine Dienste an, man posiert für Erinnerungsfotos. Alles drängt in die Kirche. Eine Massenhysterie bricht aus, die sich im kollektiven Gebet entlädt. Auch hier scheint Ironie auf, wenn der routinemäßige Ablauf, die organisierte Ekstase ins Bild gebracht wird. Zugleich aber finden der Schmerz der Büßenden und die leidenschaftliche Hoffnung Ausdruck: Fellini meidet die Karikatur, er nimmt die Äußerungen des Volksglaubens ernst. Nach der Messe gibt es allgemeines Picknick auf der Wiese vor der Kirche, Musik und Fußballspiel; die Wallfahrt endet als Wochenendausflug. Die Gebete blieben unerhört, das Wunder der Liebe hat nicht stattgefunden – konnte man denn anderes erwarten? Lediglich Cabiria ist tief enttäuscht und zieht doch aus dem Erlebnis Kraft: Sie will ihr Leben ändern.

Die erste Einstellung zu dieser Sequenz: Die Autos rollen an, eine Herde Schafe wird vorbeigetrieben. Fellini arbeitet mit einer unaufdringlichen und mehrdeutigen Symbolik: Schafe als Inbegriff der blökenden Menge und als christliches Gleichnis für die Gemeinde.[78] Wo aber ist der gute Hirte, nimmt die Kirche ihr Amt wahr? Ein paar Tage später, auf der Landstraße, wird Cabiria von einem Franziskanermönch angesprochen. Ob sie in der Gnade Gottes lebe? Traurig verneint sie. Als sie dann das Wunder der Liebe zu erleben glaubt, will sie mit dem Pater sprechen. Aber er ist im Kloster nicht anzutreffen, und sie erhält die Auskunft, Pater Giovanni sei Laienbruder und nicht berechtigt, die Beichte abzunehmen. Menschen, die in ihrer Not die Kirche aufsuchen, aber mit ihrer Verzweiflung allein gelassen werden, dieses Motiv kehrt zum Beispiel in *8½* wieder, wo Guido eine Audienz beim Bischof hat, jedoch mit einer vagen Floskel abgespeist wird.

Am Welterfolg von *La Strada* hatten zweifellos Giulietta Masina und Anthony Quinn großen Anteil. Fellini hatte viele Jahre zu kämpfen, bis er den Film realisieren konnte. Produzent Carlo Ponti, zusammen mit Dino De Laurentiis Chef der staatlichen Firma Lux-Film, schlug Silvana Mangano und Burt Lancaster für die Hauptrollen vor. Da der damals noch unbekannte Quinn gerade in Cinecittà einen aufwendigen Historienschinken, «Attila, die Geißel Gottes», drehte, konnte sich Fellini

Titelblatt des Drehbuchs von «Die Nächte der Cabiria»,
verziert von Federico Fellini und Ennio Flaiano

durchsetzen. Quinn machte aus Zampanò keinen bloßen Widerling: Unrasiert, im grobgestrickten Pullover, die Wollmütze auf dem Kopf, stolz auf sein seltsames Gefährt, das zum Wohnwagen umgebaute Dreirad mit der Harley Davidson als Zugmaschine, brutal und rücksichtslos, ein kaum zivilisierter Wilder, der sich nimmt, was er braucht. «Ich fühlte mich dieser Person, die ich darstellte, sehr, sehr nahe», schreibt Quinn in seiner Autobiographie. «Er hatte ein bedeutungsloses, aber schweres Leben hinter sich. Er hatte nie Liebe kennengelernt. Als er sie schließlich doch fand, wußte er mit ihr nichts anzufangen – er konnte sie nur zerstören. Dort am Strand spürte er dann die Unendlichkeit des Raums. Die Ewigkeit, der er allein würde gegenübertreten müssen. Es war wahrscheinlich das erste Mal, daß er mit Bewußtsein die Sterne sah.»[79]

Das eigentliche Ereignis jedoch war Giulietta Masina als Gelsomina. Ihre sinnliche Präsenz, die ausdrucksstarke Mimik und Gestik, das weiß geschminkte Gesicht, auf dem sich Trauer und Schalk und manchmal beides zugleich spiegeln, das war ein schauspielerisches Bravourstück. *La Strada* war ganz auf sie zugeschnitten, der Film machte sich ihre *außergewöhnliche Gabe* zunutze, *das Erstaunen, die Ängste, die ausgelassene Freude und die komischen Verdüsterungen eines Clowns spontan auszudrücken*[80]. Gelsomina ist gleichermaßen eine Schöpfung Fellinis wie Giulietta Masinas. Ein weiblicher Chaplin, so das einhellige Urteil der Kritik, und auch der große alte Komiker äußerte Lob und Anerkennung.

Nicht zuletzt war es das Spiel der Darsteller, das *La Strada* märchenhafte Züge verlieh. Statt psychologischer Ausgestaltung gaben sie den Rollen holzschnitthafte Konturen. Reine Emotionen: Was Gelsomina denkt und fühlt, das läßt sich unmittelbar an ihren Augen ablesen. Fellini sucht für seine aus Erlebnissen und Träumen geschaffenen Film-Gestalten stets Darsteller, die sich die Rolle nicht erst erarbeiten müssen. Er hält nichts von der Kunst des Schauspielers, sich einer Figur anzuverwandeln; eher ist er bereit, die Figur dem Darsteller anzupassen. Der Fall Gelsomina–Giulietta sei eine Ausnahme, weil er hier *eine Schauspielerin, die ein überschwengliches, aggressives, etwas feuerwerkartiges Temperament hat*, gezwungen hat, *den stilisierten Part einer von Schüchternheit erdrückten Kreatur mit einem Lichtlein Vernunft und Gesten zu spielen, die immer an der Grenze zwischen der Karikatur und dem Grotesken liegen.* In *Die Nächte der Cabiria* ist der clowneske Anstrich deutlich zurückgenommen. Giulietta Masina ist hier kein herumgeschubstes Unschuldslamm, sondern eine Frau, die sich ihrer Haut zu wehren weiß. Fellini schätzte diese darstellerische Leistung geringer ein, weil *Cabiria mehr innerhalb der Register ihrer Persönlichkeit liegt, nämlich mit ihrer Aggressivität, mit ihrer so halluzinierten Phantasie, dem Wortreichtum*[81].

Die stets loyale Ehefrau hat in diesem Punkt eine eigene Meinung. An ihre Rolle in *La Strada* denke sie mit gemischten Gefühlen zurück, erklärte sie Jahrzehnte später. «In der Figur des leidenden Zirkusmädchens Gelsomina zeichnet sich das tragische Opferdasein einer jungen Frau herzzerreißend ab. Ich wollte die kleine Gelsomina immerzu in Schutz nehmen – und verehrte sie auch gleichzeitig. Fellini sagte einmal, meine Gelsomina sei eine Mischung aus Micky Maus und Santa Rita.»[82] Merkwürdigerweise mache diese Figur besonders Männer sentimental, viel-

Gelsomina und Zampanò in «La Strada»

leicht weil sie mit dieser Zuneigung Schuldkomplexe abreagieren...
Fellini jedenfalls hat mit Gelsomina einen ersten Entwurf seiner Frauen-Images formuliert: In ihr findet das weibliche Gefühlsleben Ausdruck, *die Poesie der Frau*[83].

La Strada wurde bei der Biennale in Venedig 1954 uraufgeführt und mit dem Silbernen Löwen ausgezeichnet. («Senso» von Visconti ging leer aus. Verwundert registrierten ausländische Korrespondenten, die von den italienischen Richtungskämpfen nichts ahnten, daß es bei der Preisverleihung fast zu einer Saalschlacht kam.) Der Sprung über den Atlantik gelang: Fellini wurde ein Oscar (für den besten ausländischen Film) sowie der Preis der New Yorker Filmkritik zugesprochen. Und auch beim Publikum kam *La Strada* an: Drei Jahre lief der Film in einem New Yorker Kino. Während *Die Gauner* – hier spielte Giulietta Masina lediglich eine kleine Nebenrolle – nur in Cineastenkreisen Beachtung fand, verbuchte Fellini dann mit *Die Nächte der Cabiria* wieder einen internationalen Erfolg auf breiter Basis. Erneut konnte er in Hollywood einen Oscar entgegennehmen. Der Broadway bemächtigte sich des Stoffs: Neil Simon und Cy Coleman machten aus der römischen Dirne Cabiria ein New Yorker Taxigirl und nannten es «Sweet Charity». Das gleichnamige Musical, das es in der Uraufführungsinszenierung auf mehr als 600 Vorstellungen brachte, wurde 1969 von Bob Fosse mit Shirley MacLaine und Sammy Davis jr. verfilmt. (Der Handlungsverlauf ist identisch, aber sonst haben beide Filme wenig gemein: Das Musical lebt von den populären Songs und der rasanten Choreographie; von der Bitterkeit Fellinis, der Tragikomik des Originals blieb nichts übrig.)

Für ihre Rolle als Cabiria wurde Giulietta Masina in Cannes als beste Schauspielerin ausgezeichnet. Selbst Festival-Beobachter, die dieser Darstellungstechnik wenig abgewinnen konnten, mußten ihre Leistung anerkennen. Fast widerwillig gab François Truffaut zu: «Dennoch wird Giulietta Masina, auch wenn sie einem mit ihrem Spiel möglicherweise eines Tages auf die Nerven geht, ganz für sich allein einen ‹Moment› des Kinos geprägt haben, so wie James Dean oder Robert Le Vigan.»[84] Truffauts Urteil hat sich bewahrheitet, seine Sorge war unberechtigt. Alle seine Filme habe Giulietta inspiriert, betont Fellini häufig in Interviews, aber er machte sie nicht zum Star aller seiner Filme. Beide wußten: Eine Fortführung der gemeinsamen Arbeit hätte ihre künstlerische Entwicklung eingeengt und letztlich in eine Sackgasse geführt. Mit der Doppelinterpretation Gelsomina–Cabiria hatte Giulietta Masina Bandbreite und Ausdruckskraft ihrer Kunst bewiesen. Die zwei Frauen waren verwandte Charaktere: Verschiedene Figuren zwar, aber aus einem Holz geschnitzt, von einer Hand modelliert. Die Schauspielerin brauchte einen neuen Regisseur, wollte sie der Gefahr der Wiederholung entgehen: Eduardo De Filippo, der neapolitanische Dramatiker, übernahm die Inszenierung von «Fortunella», einem von Fellini geschriebenen Film mit Giulietta Masina in der Hauptrolle. Und der Filmautor seinerseits brauchte, um ein neues Spiel zu arrangieren, andere Figuren und einen neuen Protagonisten, am besten männlichen Geschlechts. Ein altes Manuskript, *Moraldo in der Stadt*, zog er hervor. Damals hatte er an eine Art Fortsetzung von *I Vitelloni* gedacht: Die Erlebnisse des jungen Mannes, der die Provinz verläßt, nun als Journalist in der Großstadt neue Erfahrungen macht. Nicht nur das Figurenensemble mußte ausgewechselt werden, der Geschichtenerzähler benötigte für seine Bühne auch einen neuen Prospekt. Die Landstraße als Seelenlandschaft, dieses Kapitel war für Fellini abgeschlossen.

Das süße Leben. Ein Sittengemälde

Bei der Uraufführung in einem Mailänder Kino schlugen die Wogen der Empörung hoch. Nach der Vorstellung von *La Dolce Vita* wurde der Regisseur bespuckt und beschimpft. «Schämen Sie sich», rief ein junger Neofaschist, «Sie werfen Italien in die Arme der Bolschewisten.» Konservative Abgeordnete brachten eine Anfrage ins römische Parlament ein und forderten das Verbot des Films. Die wütenden Proteste kamen aus verschiedenen Richtungen: Von den Moralaposteln, die sich über die ungeschminkte Darstellung des Sittenverfalls erregten. Von der sonst so publicitysüchtigen High Society, den Aristokraten und den Neureichen, die sich in dem Skandalwerk wiederzuerkennen glaubten. Und vom Klerus: Die Vatikanzeitung «Osservatore Romano» sprach dem Film jeden künstlerischen Wert ab. Die «Katholische Aktion» mobilisierte die Landpfarrer und warnte alle Gläubigen vor dem Besuch des Kinos. (Mit dem Erfolg, daß selbst in der Provinz die Leute anstanden und der Film zum großen Kassenschlager wurde.) Es gab jedoch auch innerhalb der Kirche Gegenstimmen; so setzte sich zum Beispiel der einflußreiche Kardinal von Genua vehement für Fellini ein. Die Kraßheit der Szenen habe reinigende Wirkung, sie führe zu Gewissensprüfung und Selbsterkenntnis einer sündhaften Welt. Nie zuvor hatte ein Film in Italien derart heftige Reaktionen provoziert.

Zu einer öffentlichen Diskussion über *La Dolce Vita*, moderiert von dem Schriftsteller Alberto Moravia, kamen über 2000 Zuhörer. *Man applaudiert oder man pfeift aus Gründen, die dem Film fremd sind*, erklärte Fellini. *Mein Film beschreibt das Übel ohne Sentimentalität und Selbstgefälligkeit. Es ist der Film eines Verzweifelten, und es ist eine Autobiographie. Marcello bin ich, vom Scheitel bis zur Sohle.* Und auf die Frage nach der Tendenz des Films gab er folgende Antwort: *Wenn jemand am Ertrinken ist, dann hat er keine Zeit für Gewissensbisse. Er schreit um Hilfe. Der ganze Film ist ein Hilferuf.*[85]

Der Arbeitstitel des knapp dreistündigen Films lautete: *Babylon, im Jahre 2000 nach Christi Geburt.* Geschildert werden ein paar Tage aus dem Leben des Klatschreporters Marcello, dessen Beruf es ist, das Schickeria-Treiben zu beobachten und der zugleich Teil dieser Szene ist. Die Stadt Rom erscheint ihm als *eine Art Dschungel, schwül und schön, wo man sich im Dickicht verstecken kann.* Giftige Schlangen, putzige Eichhörnchen und knurrende Löwen, gefährliche Raubkatzen, blasierte Affen und anderes Getier bilden den menschlichen Zoo, der gehobene Gesellschaftsschicht genannt wird.

Federico Fellini fällt, wenn er 25 Jahre später an *La Dolce Vita* zurückdenkt, zuerst Anita Ekberg ein, *diese potente Pantherin* mit ihrer *haifischartigen Vitalität.*[86] Sie stellte eine amerikanische Filmdiva dar, die Marcello durch das nächtliche Rom begleitet, und sie spielte die Rolle so, wie sie sich damals in der Öffentlichkeit selbst inszenierte. (Sogar die Ohrfeige, die ihr im Film Lex Barker gibt, hatte sie – es stand in allen Klatschspalten – in der Realität kurz zuvor von Anthony Steel empfangen.) Für seine chronique scandaleuse verarbeitete Fellini Berichte aus Boulevard-Zeitungen und Illustrierten; der ehemalige Journalist lieferte nebenbei eine satirische Demontage seines früheren Gewerbes. Er nahm sensationslüsterne Reporter aufs Korn und vor allem die frechen und zynischen Bildjournalisten, die selbst in Momenten tiefsten Schmerzes keinen Menschen in Ruhe lassen können. In dem Fotografen Paparazzo, der mit Marcello zusammenarbeitet, porträtierte er einen Typus, und aus dem Namen einer Filmfigur wurde ein Neologismus, der heute in jedem italienischen Wörterbuch steht: Als Paparazzo bezeichnet man einen aggressiven und infamen Pressefotografen.

Ein absurder Laufsteg der Eitelkeit, wo die Gesellschaft *sich selbst darstellt, feiert und verherrlicht*, nichts anderes seien die Fotoreportagen der Regenbogenpresse.[87] Fellini nutzte die Publicitysucht für den Film, er holte die Prominenz auf seinen Laufsteg: Vom Schlagersänger Adriano Celentano bis zu Vertretern des Hochadels wie Graf Dobrzensky und Prinzessin Pignatelli, sie alle machten bereitwillig bei *La Dolce Vita* mit. Der gewitzte Regisseur überließ es der Bourgeoisie, sich selbst darzustellen, sich selbst zu demaskieren. Zwar schäumte die herrschende Klasse in Italien zunächst über den Film, aber letztlich hatte der raffinierte Coup einen Effekt, der die kritischen Intentionen des Regisseurs unterlief. Das Filmbild von Antia Ekberg im Fontana di Trevi ging durch die Weltpresse, und der Film lieferte neuen Stoff für die Illustrierten. Ihren eigentlichen Aufschwung als Vergnügungszentrum des internationalen Jet-set erlebte die römische Via Veneto erst nach der Uraufführung von *La Dolce Vita*. In gewisser Weise ist der (so nicht beabsichtigte) Erfolg des Films ein Symptom, das in das von Fellini diagnostizierte Krankheitsbild der Gesellschaft paßt.

Der Film erzählt nicht eine, sondern viele Geschichten; er reiht Episoden aneinander, so wie die High Society von einer Fête zur nächsten eilt. Auch Marcello sucht immer wieder die mondänen Nachtclubs und wüsten Parties auf, wo die reichen Nichtstuer sich die Zeit vertreiben. Die Festivitäten enden regelmäßig in Ausschweifungen, Exzessen und Orgien; sie sind der verzweifelte Versuch dieser Menschen, Leere und Sinnlosigkeit

Fellini, 1960

ihrer Existenz zu überspielen. Vergeblich: Auf die Ekstase folgt die Er-
nüchterung, auf den Rausch der Katzenjammer. Dieser Vorgang wird
vielfach variiert, und Fellini beschränkt sich nicht bloß auf den schmalen
Gesellschaftsausschnitt. Er zeigt, am Beispiel des Besuchs von Marcellos

Vater in Rom, den schon rührenden Versuch des Kleinbürgers, auch einmal am süßen Leben teilzunehmen, und er demonstriert an der Steiner-Episode das Versagen und die Ohnmacht der Intellektuellen. Der so souverän wirkende, von Marcello bewunderte Steiner bringt sich und seine geliebten Kinder um, weil er *Angst vor dem Leben* hat. Der Zusammenbruch, die Katastrophe lauern immer im Hintergrund; man unternimmt alles, um bloß nicht zur Besinnung zu kommen. Diese Gesellschaft kennt keine materiellen Sorgen, aber um ihr Seelenheil ist es schlecht bestellt.

La Dolce Vita ist *im Grunde ein katholischer Film* [88]. Drei Szenen – Anfang, Mitte, Schluß – sind konstitutiv für die christliche Perspektive. Die erste Einstellung: der Blick zum Himmel. Ein Helikopter fliegt über die Aquädukt-Reste des alten Roms und die Hochhäuser der neuen Vorstädte. Er transportiert eine riesige Statue: Christus, der seine Arme segnend über die Stadt ausbreitet. (Auch diese Sequenz griff einen realen Vorfall auf: Mit der wandernden Madonna, die von Ort zu Ort geflogen wurde, hatte die Kirche einen recht seltsamen Feldzug veranstaltet.) Sekretärinnen, die auf der Dachterrasse ihre Mittagspause machen, schauen auf; aus dem Hubschrauber winkt ihnen Marcello zu. Man schreit sich etwas zu, doch der Propeller-Lärm läßt keine Verständigung zu. Im Mittelteil des Films eine Szene, die an den von Sensationsgier und Heilserwartung gespeisten Wallfahrtstrubel erinnert: Zwei Kinder behaupten, ihnen sei die Mutter Gottes erschienen; nun sind Presse, Funk und Fernsehen da, um live das Ereignis einzufangen. Ein Pater äußert gegenüber den Reportern Zweifel an der Echtheit der Marienerscheinung: Wer die Madonna gesehen habe, werfe sich nicht derart affektiert in Pose. «*Ein Wunder widerfährt demütigen Herzen, in der Stille, nicht in einem so lärmenden Durcheinander.*» Und Lärm gibt es, wo immer die High Society und in ihrem Gefolge Marcello auftaucht. Die Schlußszene spielt am Meer. Wie in *La Strada* steht es für den *Gedanken der Dauer, der Ewigkeit, des Urelements;* in Fellinis Bildsymbolik hat das Meer immer etwas tröstlich Geheimnisvolles. [89] Nach durchzechter Nacht stehen die Partygäste am Strand. Fischer ziehen ein Ungeheuer aus dem Wasser, einen gewaltigen Rochen, der ihnen fast die Netze zerrissen hat. Nun liegt er tot im Sand, ein formloser Klumpen, der mit starrem Auge die Menschen fremd anglotzt. Am anderen Ufer steht ein junges Mädchen – *das Auftauchen eines Kindergesichts, geheimnisvoll, vieldeutig, schalkhaft* [90] ist ein häufig von Fellini benutztes Symbol der Reinheit, Gegenbild zum sündigen Leben. Das Mädchen lächelt Marcello an und ruft ihm etwas zu. Doch das Meeresrauschen ist zu laut, er kann sie nicht verstehen.

Im ursprünglichen Drehbuch kommt es zum Gespräch, dann läuft das Mädchen zurück zu ihren Freundinnen. Marcello wird *von tiefer, unerklärlicher Rührung ergriffen* [91]. Derartige Sentimentalitäten hat der Regisseur gestrichen. Der Anruf, ein anderes Leben zu beginnen, geht im Lärm unter. Marcello ist vom süßen Leben bereits infiziert; für ihn gibt es

«La Dolce Vita»: Anita Ekberg im Trevi-Brunnen

keine Rettung mehr. Den Outcasts der Landstraße, selbst den Vitelloni in der verschlafenen Provinz hatte Fellini die Chance der Läuterung zugestanden. Für die reichen Nichtstuer sieht er, obwohl sie ihres Treibens längst überdrüssig sind, keine Hoffnung.[92]

Der Journalist, dem Kraft und Wille fehlen, sein Leben zu ändern, wurde dargestellt von Marcello Mastroianni. Bislang hatte er vor allem den Latin Lover gespielt; nun brach er aus diesem Rollenklischee aus. Er gab einen feinnervigen, verunsicherten Intellektuellen, den Prototyp des modernen Menschen mit all seiner Gebrochenheit. Fellini machte ihn zu seinem alter ego, zuerst in *La Dolce Vita*, später in *8½*, *Die Stadt der Frauen* und *Ginger und Fred*. *Er ist ein Freund, ein Gefährte; einer, den ich*

Die Anfangssequenz von «La Dolce Vita»

gut kenne. Die eigentliche Hilfe Marcellos ist nicht nur seine berufliche Fähigkeit, sondern eher die Haltung von Vertrauen mir gegenüber, die mir gewagte Versuche erlaubt.[93] Der autobiographische Charakter ist in den Filmen mit Mastroianni besonders ausgeprägt. Zudem kommt ihm die Rolle eines Spielleiters zu, der die Zuschauer durch die Episoden und Sequenzen führt: Er interpretiert die Erzählung, seine Sicht ist identisch mit der des Regisseurs. Fellini spricht von einer *intensiven, komplicenhaften Beziehung*[94]. Mastroianni, der internationale Star, der mit vielen Regisseuren gearbeitet hat, bestätigt dies. In einem Interview verglich er die damaligen Kontrahenten: Visconti gebe sich wie ein Lehrer, er sei eine von den Schülern verehrte und anerkannte Autorität; Fellini dagegen verhalte sich wie der Banknachbar in der Klasse.[95] Tatsächlich versteht es dieser Regisseur, Dreharbeiten die unverkrampfte *Atmosphäre einer Landpartie* zu verleihen[96], doch kameradschaftliche Nähe bedeutet keineswegs Gleichberechtigung im künstlerischen Prozeß. Mag der Schauspieler auch Komplice sein, allein der Chef der Gang plant den Coup, ihm haben sich die Bandenmitglieder unterzuordnen. «Fellini schafft seine Filme nicht gemeinsam mit den Schauspielern», erklärt Matroianni. «Ich habe versucht, gleich einem Instrument unter Fellinis Händen gut zu erklingen, und kein bißchen mehr.»[97]

Die intelligenteste Analyse von *La Dolce Vita* lieferte Pasolini; und doch ist sein Aufsatz, erschienen 1960 in der Zeitschrift «Filmcritica», selbst in wissenschaftlichen Publikationen kaum beachtet worden.[98] Fellini, so sein Ausgangspunkt, sei Autor des Films, nicht bloß dessen Regis-

«La Dolce Vita»: Anouk Aimée und Marcello Mastroianni

Alberto Moravia und Pier Paolo Pasolini

seur; folglich untersucht Pasolini den Film wie das Werk eines Schriftstellers. Zunächst widmet er sich der Grammatik: Kennzeichnend für den Stil sei die verzögernde Syntax, bewußt durchsetzt mit schnellen Einwürfen und Paradigmen. Pasolini demonstriert dies an einem Beispiel: «Zu Beginn fast jeder Episode ist die Kamera in Bewegung, und die Kamerafahrten und Schwenks sind äußerst kompliziert: Sie sind parataktisch im literarischen Sinne. Oft jedoch geschieht es, daß in diese verschlungenen Kamerabewegungen auf brutale Art eine ganz einfache, fast dokumentarische Einzelaufnahme eingefügt wird, vergleichbar einem Zitat gesprochener Sprache.» Nach Rhythmus und Syntax der Szenen wendet sich die Stiluntersuchung dem Wortschatz zu, den Einstellungen und Bildarrangements. Fellini verfügt über eine reiche, subjektive und innovative Filmsprache. Nie wird sie bloß instrumental eingesetzt; sie ist vielschichtig, exzessiv und überladen, wobei die Ausdrucksskala von lyrischer Magie bis zum kruden Naturalismus, dem Zitat ungeschminkter Realität, reicht. Die visuelle Gefälligkeit einerseits, die semantische Erweiterung konventioneller Bedeutungen andererseits machen *La Dolce Vita* zu einem barocken Fresko. Pasolini zählt den Film zu den «großen Produktionen europäischer Dekadenzdichtung».

Die kritische Lektüre bleibt nicht bei der immanenten ästhetischen Analyse stehen; Pasolinis Interesse gilt den ideologischen Strukturen. Hier ist, konstatiert der Marxist, ein «katholischer und in gewisser Weise genialer, beinahe kindlicher Irrationalismus» am Wirken. Der Blick auf die Welt ist rein phänomenologisch. Fellini kann die Erscheinungen der Wirklichkeit nicht koordinieren und werten: Sünde und Unschuld werden undialektisch gegenübergestellt; sein einziges Ordnungsprinzip bleibt die Gnade. Die Werte der katholischen Gesellschaft werden nicht angezweifelt, sondern als ewige, absolute und unveränderliche Größen hingestellt; erst auf ihrer Folie entfaltet sich die Kritik. Fellini akzeptiere Kirche und Staat als Mythen und setze den in der Realität unübersehbaren Mängeln dieser Institutionen die Kraft des Mythos entgegen, schreibt Pasolini. Ein sozialkritischer Film, der auf die politische Reflexion verzichtet – mit diabolischer Schlauheit überlasse Fellini gar zu gern das Wort dem kleinen Kind, das in ihm steckt. Pasolini wiederholte einen Vorwurf, den bereits Rossellini erhoben hatte: *La Dolce Vita* sei das Werk eines Provinzlers, der fasziniert und angewidert zugleich auf die große Welt schaut.

Das war polemisch gemeint, traf aber recht gut den ambivalenten Charakter des Films. Der Schlüssel zum Verständnis ist Fellinis Hinweis auf den autobiographischen Gehalt der Figur Marcello: Von Herkunft und Sozialisation ist er kein Mitglied der Bourgeoisie, gehört aber irgendwie dazu. Nicht von außen, auch nicht aus ihrer Mitte wurde diese Gesellschaft kritisiert, sondern von einer Position am Rande, wie sie der Klatschreporter einnimmt. Sinnverlust, Auflösung, Zerfall der moralischen Werte, schonungslos wurden die Zeichen der Zeit ausgestellt, und doch war auch *La Dolce Vita* in seinem Wesen ein Produkt der Dekadenz. Die öffentlichen Erklärungen des Regisseurs verdecken, was der Stil offenbart. Eine Gesellschaft, *die keine Passionen mehr hat, die innerlich leer ist*, zieht sich zurück auf die äußere Form. Auf der *Ausdrucks- und Stilebene* entsprach der Film exakt dieser Haltung: *Die Form wurde zur eigentlichen Substanz.*[99]

In der offenen Dramaturgie erkannte der Schriftsteller Alberto Moravia, in seiner Heimat ein einflußreicher Filmkritiker, eine dem modernen

Leben adäquate Erzählweise. «Der klassische Stil erfordert eine geschlossene Komposition, eine Architektur. Die Décadence bevorzugt eine offene Konstruktion, in der die Entwicklung der Fabel durch Alliteration und Wiederholung ersetzt wird.»[100] Als Beispiel nannte Moravia den «Bolero» von Maurice Ravel mit seiner ständigen Variation eines einzigen Motivs; ähnlich könne *La Dolce Vita* noch zwei Stunden oder auch einen ganzen Tag weitergehen und wäre immer noch derselbe Film. Eine Geschichte, die beliebig ausdehnbar ist und deren Einzelteile dem Autor selbst nicht zwingend erscheinen: *Wenn ich andere Episoden erfunden hätte, würde das auch nichts ändern.*[101] Wo die Erzählstruktur derart durchlässig ist, löst sich die innere Logik des Kunstwerks auf: Es bricht auseinander in Fragmente, die sich verselbständigen. Seine Vorstellung bei Beginn des Films, so Fellini, sei gewesen: Eine Statue schaffen, sie zertrümmern und dann wieder neu zusammensetzen, wobei die Sprünge, die Risse und die Klebstellen deutlich sichtbar bleiben sollten.

Zehn Jahre später hat er diese Absicht radikal verwirklicht: *Satyricon* ist das antike Gegenstück zu *La Dolce Vita*. Hier war die historische Vorlage bereits ein Trümmerhaufen: Der Roman des Petronius Arbiter ist nur fragmentarisch überliefert, *unvollständig, abgebrochen, verstümmelt und demzufolge um so verführerischer*[102]. Fellini fühlte sich erinnert an funktionslos in der Landschaft stehende Säulen, die *friedhöfliche Szenographie der Appia Antica*, an die *Köpfe mit den fehlenden Augen und abgebrochenen Nasen* in den Museen; *wie der Archäologe mit Hilfe von Tonscherben etwas rekonstruiert, das die Form einer Amphore oder einer Statue erahnen läßt*, ging der Filmemacher an die Arbeit.[103] Aus den wenigen Bruchstücken ein Ganzes machen, das Fragment durch Nachbildungen vervollständigen und die Lücken mit Kitt schließen, das war nicht seine Absicht. Es bleiben Fundstücke, die (nach unserem heutigen Verständnis) nicht recht zusammenpassen, die nicht einzuordnen sind, deren Sinn und Zweck uns verschlossen ist. Die Fremdheit einer vergangenen Kultur sollte nicht durch Kunstgriffe übertüncht werden.

Mit derber Poesie und zügellosem Witz gestaltete Petronius ein Sittenbild seiner Zeit. Genüßlich werden die Ausschweifungen im alten Rom geschildert: Freß- und Saufgelage, Orgien und Exzesse, makabere Späße und Abenteuer, amouröse Eskapaden und Intrigen. Ein Reigen, in dem Geilheit und Sinnenlust regieren, nach heutigen Wertvorstellungen über weite Passagen reine Pornographie. Der Form nach ist «Satyricon» ein Schelmenroman. Encolpius, ein fahrender Schüler, durchwandert die altrömische Gesellschaft: Er nimmt am pompösen Gastmahl des Trimalchio teil, besucht Wirtshäuser und Bordelle, lernt so den vulgären wie den verfeinerten Lebensstil kennen. Er verkehrt mit reichen Emporkömmlingen und korrupten Strolchen, mit verdorbenen Dichtern und Damen der Gesellschaft, mit Sklaven, Bauern und Seeleuten. Die episodische Struktur entspricht Fellinis Erzählweise, und auch die Haltung des Autors

Skizze von Fellini zu «Satyricon», 1969

mußte ihm sympathisch sein. Petronius' Darstellung ist voller Ironie, aber
frei von moralischer Verurteilung. Sein Weltbild scheint von Epikur bestimmt zu sein: Er will im Leben selbst den Sinn des Daseins suchen.

Eine konventionelle Literaturverfilmung, die Bebilderung eines Dich-
terwerks, oder eine präzise, wissenschaftlich exakte Rekonstruktion der
Historie, beides lag nicht im Interesse Fellinis. Er wollte eine Reise in
eine unbekannte Welt inszenieren, und dazu war es nötig, sich von allen
bildungsbürgerlichen Vorstellungen, dem vom Humanismus geprägten,
idealisierten Bild der Antike zu lösen. Grausam, obszön, pervers erscheint uns, was Petronius geradezu als unschuldiges Vergnügen schil-
derte: Päderastie, Sodomie, Kannibalismus. *Wenn wir über die Römer auf
Grund unserer Auffassung vom Guten urteilen, oder von dem her, was zu*

«Satyricon»

unterdrücken wir für unsere Pflicht halten, erscheinen sie erschreckend und ungeheuerlich. Ich ziehe es vor, nicht über sie zu urteilen.[104]

Ein Bilderbuch wird vor uns aufgeblättert, eine Folge bizarrer Situationen. Encolpius ist unglücklich, weil sein Liebling, der Knabe Giton, von einem gewissenlosen Freund verkauft worden ist. Der reiche Trimalchio sucht mit der Festgesellschaft sein zukünftiges Grabmal auf: Er will einmal erleben, wie man ihn nach seinem Tod beweinen und betrauern wird; er genießt voller Selbstmitleid die groteske Veranstaltung. Encolpius findet sich auf einem Sklavenschiff wieder; der Schiffsherr verliebt sich in ihn, beide Männer werden in einer Zeremonie an Bord getraut. An einem idyllischen Sommertag läßt ein Patrizierpaar alle Sklaven frei und gibt sich selbst den Tod. Encolpius muß unter den Blicken einer erregten Zuschauermenge gegen einen als Minotaurus maskierten Koloß antreten; er hat keine Chance, aber der Kampf erweist sich als Inszenierung, dem Lach-Gott zu Ehren. Die Zauberin Oenotea, verurteilt, das Feuer zu gebären, heilt ihn von seiner Impotenz. Der Dichter Eumolpus stirbt; in seinem Testament hat er bestimmt: Erben soll nur, wer seinen zerstückelten Leichnam ißt. Encolpius lehnt es ab, an diesem Leichenschmaus besonderer Art teilzunehmen. Er schließt sich den jungen Seeleuten an, die nach neuen Gestaden aufbrechen. Mitten im Satz bricht der Film ab.

Um unser heutiges, durch zweitausend Jahre Geschichte und Christentum geprägtes Bewußtsein auszuschalten, wählte Fellini eine Traumsprache: Die Bildchiffren sollten *die geheimnisvolle Transparenz, die nicht zu entziffernde Klarheit der Träume* haben.[105] Eine theatermäßige Inszenierung schafft Distanz: Kulte und Rituale, grausam und schön, fremde Sitten und Gebräuche, rätselhafte Blicke und merkwürdige Gesten. Die Kamera wandert als unbeteiligter Beobachter durch die endlosen Räume. Monumentale Labyrinthe der Unterwelt, unwirkliche Landschaften mit seltsam verfärbtem Himmel. Bevölkert wird diese Welt von schönen Knaben, grazilen Sklavinnen und fetten Weibern, von grotesk deformierten Mißgestalten, Zwergen und Krüppeln. Der Regisseur verwandte seine Kunst darauf, uns diese Menschen nicht nahezubringen. Den Schauspielern gab er ausdrücklich Weisung, «schlecht» zu spielen: *Starre oder im Fieber umherschweifende Blicke, anhaltendes Schweigen, etwas Brüchiges, Zögerndes, Stockendes beim Sprechen.*[106] Dem Maskenbildner sagte er: *Meine Menschen sollen nur Symbole sein. Sie sollen ausgegrabenen Tieren gleichen, deren Gesichter linear und brutal auf das Wesentlichste stilisiert sind.*[107] Alles müsse irgendwo unproportional wirken, teilte er dem Filmarchitekten mit. So entstanden jenseits ästhetischer Normen verblüffende und phantastische Filmbilder.

Das alte Rom – Petronius war ein Zeitgenosse des berüchtigten Kaisers Nero – gilt in der abendländischen Kulturgeschichte als Synonym für Dekadenz. Auch in *Satyricon* wird ausgesprochen, daß Wissenschaft und schöne Künste daniederliegen, allein Gold und Macht zählen. Überall gibt es Zeichen von Fäulnis, Symptome des Verfalls und des Untergangs. Eine Parabel, die in historischer Kulisse von heutigen Verhältnissen handelt? Fellini sah deutliche Parallelen: Im vorchristlichen Rom habe eine *verantwortungslose, freie Unbekümmertheit* und Amoral geherrscht, wie sie auch für die Jugendrevolte der Studenten und Hippies kennzeichnend sei. Die Werte und Normen der Gesellschaft haben, damals wie heute, ihre Gültigkeit verloren, das Sozialgefüge löst sich auf.

Aber Fellini ist weit entfernt von einem konservativen Kulturpessimismus, der diese Tendenzen als Bedrohung empfindet und im Sittenverfall ein Menetekel für den Untergang des Abendlands sieht. Nannte er *La*

Dolce Vita den Ruf eines Verzweifelten, so betrachtet er zehn Jahre später die Erscheinungen der Dekadenz mit heiterer Zuversicht: Wo etwas abstirbt, wächst Neues nach; überkommene Konventionen werden in Frage gestellt, um neue Lebensformen zu erproben. Auch Fellini wurde von der Aufbruchsstimmung erfaßt. *Satyricon* erlebte seine Premiere 1970 im Madison Square Garden: *Die Vorführung war begeisternd. Die jungen Leute applaudierten bei jedem neuen Bild; viele schliefen auch, andere liebten sich. In diesem totalen Chaos lief der Film unerbittlich weiter, auf einer riesigen Leinwand, auf der sich das Geschehen im Saal zu spiegeln schien. Es war, als hätte der Film in diesem völlig unwahrscheinlichen Ambiente unverhofft und auf geheimnisvolle Weise seinen natürlichen Platz gefunden.*[108] Die «New York Times» nannte *Satyricon* in Anlehnung an ein Album der Beatles «Fellini's Magical Mystery Tour», und John Lennon erkannte seine Wirklichkeit im Historienfilm wieder: «Die Tourneen der Beatles liefen ab wie *Satyricon*.»[109]

Die Spiegelung der Gegenwart in der Vergangenheit einerseits, der vorurteilsfreie, vom heutigen Bewußtsein ungetrübte Blick auf die Antike andererseits: Zwei Konzeptionen, die einander ausschließen. Fellinis Erklärungen sind widersprüchlich; der Film selbst läßt viele Deutungen zu. Interpretation wird hier zur Traumdeutung.

Satyricon ist nach Fellinis Darstellung die Dokumentation seines Traums vom Altertum, und darunter versteht er *etwas vollkommen Unbekanntes, das sich tief in unserem Innern verbirgt*[110]. Im Traum kommen – unverstellt durch moralische Kontrollinstanzen – Wünsche zum Ausdruck. Fellinis Traum vom Altertum: eine Welt, in der das Lustprinzip regiert, in der Sexualität ausgelebt wird und Begriffe wie Sünde und Schuld keinerlei Bedeutung haben. Doch nach dem Erwachen erinnern wir nur Stimmungen, Situationen, zusammenhanglose Fetzen; Freud spricht von den «Tagesresten», dem «letzten manifesten Stück einer von Anfang an wirksamen Entstellungsarbeit»[111]. War *La Dolce Vita* ein christlicher Film, so wollte Fellini sich mit dem heidnischen Sittengemälde *von all den intellektuellen Verkrustungen, den kulturellen Moden, der katholischen Moral befreien*[112]. Es ist ihm nur zum Teil geglückt. Alberto Moravia attestierte dem Filmschöpfer, er habe sich unmittelbarer und tiefer als je zuvor auf das Unbewußte eingelassen, und doch sei sein Werk im weitesten Sinne religiös zu nennen: «Im Augenblick, in dem Fellini der Antike sein elegisches Lebewohl sagt, lokalisiert er in ihr, fast ohne es zu wollen, alle seine metaphysischen Sehnsüchte und Ängste.»[113] *Satyricon* ist, da der innere Zensor nie schläft, über weite Strecken zum Alptraum geworden, und in der Schlußszene kehrt, zumindest andeutungsweise, ein vertrautes Motiv wieder: Erlösung und Gnade. In den Scherben einer heidnischen Welt blitzen Momente christlicher Hoffnung auf.

Achteinhalb, Neuneinhalb

Der Erfolg von *La Dolce Vita* erlaubte es dem Regisseur, zusammen mit dem Financier Angelo Rizzoli eine eigene Produktionsfirma, die Federiz, zu gründen. Fellini hatte oft jahrelang um seine Projekte kämpfen müssen: Bei fünfzehn Produzenten war er vorstellig geworden, bis er *La Strada* verwirklichen konnte; noch nach zwei Oscars hatte er Schwierigkeiten, *La Dolce Vita* ohne Kompromisse durchzusetzen. Die neue Gesellschaft sollte jungen Filmemachern ermöglichen, frei von kommerziellen Rücksichtnahmen ihre künstlerischen Vorstellungen zu realisieren: *Bei mir soll der Regisseur tun dürfen, was er will*, verkündete Fellini.[114] Projekte von Marco Ferreri, Ermanno Olmi und Vittorio De Sica kamen jedoch über das Planungsstadium nicht hinaus. Pasolini, der Romane, Gedichte und Essays veröffentlicht hatte, strebte von der Literatur weg zum Film: Er gab dem Federiz-Chef das Drehbuch zu seinem ersten Spielfilm «Accatone». Fellini ließ den Neuling Probeaufnahmen machen, doch das Ergebnis überzeugte ihn nicht. Mit «bischöflicher Eleganz und Glätte» sei er hingehalten worden, beklagte sich der enttäuschte Pasolini.[115] Verbittert äußerte er den Verdacht, die Federiz werde wohl nur Fellini-Filme produzieren. Doch selbst in dieser Richtung geschah zunächst nichts. Nach *La Dolce Vita* zögerte Fellini lange, welches Projekt er als nächstes angehen sollte. Mit *Die Versuchungen des Doktor Antonio* hatte er einen Beitrag zu dem Episodenfilm «Boccaccio '70» beigesteuert: ·Peppino De Filippo spielte einen sittenstrengen Kleinbürger, der gegen ein von ihm als anstößig empfundenes Werbeplakat mit der üppigen Anita Ekberg zu Felde zieht. Als das Sexsymbol aus dem Bild steigt und ihn sich vorknöpft – das Riesenweib drückt den kleinen Doktor an ihren Busen –, erliegt er völlig ihren Reizen: Der verwirrte Spießer muß ins Spital eingeliefert werden. Obwohl die Initiative zu «Boccaccio '70» wiederum auf Zavattini zurückging, sich Regisseure wie Visconti und De Sica an dem Gemeinschaftsfilm beteiligten, dieser Omnibus-Film war ein eher bedeutungsloses Unternehmen und keinesfalls vergleichbar mit dem programmatischen Versuch «Liebe in der Stadt» acht Jahre zuvor. Fellinis Beitrag konnte man verstehen als satirische Antwort auf die Moralapostel, die an *La Dolce Vita* Anstoß genommen hatten. Es war kaum mehr als eine amüsante Kleinigkeit, *nur ein Scherz*, eine Humoreske, wie sie in

«Marc' Aurelio» hätte erscheinen können. Eine Etüde, eine Lockerungsübung für den nächsten großen Film.

Zwei Manuskripte hatte Fellini in der Schublade. *Moraldo in der Stadt*,
dessen Verwirklichung er mit schöner Regelmäßigkeit Jahrzehnte hindurch immer wieder ankündigte. *Eine Reise mit Anita* hatte er 1957, ein
Jahr nach dem Tod des Vaters, geschrieben: Der Schriftsteller Guido
kehrt zurück in die Provinz, um noch einmal seinen sterbenden Vater zu
sehen und an dessen Beerdigung teilzunehmen. Die Fahrt in die Heimat
wird zu einer Reise in die Vergangenheit. Beide Drehbücher transponier-
ten autobiographisches Material in fiktive Geschichten. Sie blieben zu
lange liegen: Das Leben ging weiter, so entglitten sie dem Verfasser. Die
Lektüre der beiden Drehbücher[116] zeigt, daß Motive und Szenen, oftmals
radikal abgewandelt, in andere Filme eingegangen sind. Aber es handelt
sich nicht bloß um ein Stoffreservoir, aus dem der Filmautor schöpfen
kann. Erinnern wir uns an Pasolinis Definition: Ein Drehbuch ist eine
Struktur, die etwas anderes werden will. Diesen Geschichten fehlte offenbar die Kraft, selbst zu einem Film zu werden, doch sie sind immer wieder
hervorgezogene, den Regisseur stimulierende Leiterzählungen: Sie haben *die gleiche Funktion wie die Boote, die ein Transatlantikschiff aus dem
Hafen hinausgeleiten – etwas, kurzum, das nicht ersonnen wurde, um realisiert zu werden, sondern um mir die Fähigkeit zu geben, anderes zu verwirklichen*[117].

Ein drittes Projekt hatte Fellini bereits im Oktober 1960 in einem Brief
an seinen Freund und Mitarbeiter Brunello Rondi skizziert. Der Handlungsrahmen: Ein Mann wird aus seinem gewohnten Lebensrhythmus
herausgerissen; wegen einer (nicht sehr schweren) Krankheit muß er
einen zweiwöchigen Kuraufenthalt absolvieren. Sein Tagesablauf: die üblichen Anwendungen, Trinkkur usw., Spaziergänge, der Besuch von
Freunden. Die Ehefrau und die Geliebte erscheinen auf der Bildfläche;
sie werden, um peinliche Auseinandersetzungen möglichst zu vermeiden,
in verschiedenen Hotels untergebracht. Neben dieser realistischen Ebene
sollte das Innenleben des Helden parallel in phantastischen Szenen ge-
spiegelt werden. Eine Folge von Tagträumen, zum Beispiel die surreale
Begegnung mit den toten Eltern. Eine Reihe von Auftritten, die beim
Protagonisten traumatische Erinnerungen auslösen: Die Vorführung
eines Ehepaars, das über telepathische Fähigkeiten verfügt, wirken auf
den Kurgast wie eine schwer faßbare, irgendwie beunruhigende Offenbarung. Der Blickkontakt mit einem wunderschönen Mädchen, das an den
Quellen Brunnenwasser ausgibt, und plötzlich spürt der Mann den im
Alltag verschütteten Wunsch nach Klarheit und Reinheit. Ein Bischof
befindet sich unter den Kurgästen, damit tauchen Bilder aus der Kindheit
auf: die ersten Sünden, die erste Beichte. Vieles, was Fellini in diesem
Entwurf zu Papier brachte, ist kaum verändert in den realisierten Film
eingegangen.

Ennio Flaiano und Federico Fellini

Die Ingredienzien zu seinem Film hatte er beisammen, allein es fehlte eine Fabel, nach der sich die realen und imaginären Erlebnisse ordnen ließen. Was Fellini vorschwebte war *ein schwer zu fixierendes Mittelding zwischen einer unzusammenhängenden psychoanalytischen Sitzung und einer etwas planlosen Gewissenserforschung in einer nebelhaften Atmosphäre*[118]. Er wollte das *mehrdimensionale Porträt eines beliebigen Menschen* geben.[119] Die sozialen Konturen des Protagonisten mußten unscharf bleiben: Ein Arbeiter oder ein Angestellter, sofort wäre dies eine andere Geschichte. Er sollte einen freien Beruf haben – Fellini dachte an einen Schriftsteller, gar an einen Zirkusimpresario –, doch jeder extravagante Zug würde vom Exemplarischen ablenken. So wurde dieser Punkt zunächst offen gelassen.

Schließlich gab es noch nicht einmal einen vorläufigen Titel. «La bella Confusione» lautete ein Vorschlag, doch der Regisseur wollte ihn nicht akzeptieren. Auf der Mappe, in der er Einfälle und Notizen, Zeichnungen und Skizzen zu dem neuen Projekt sammelte, stand lediglich die Zahl «8 ½». (Bisher hatte er sieben Filme gedreht, genauer: sechseinhalb, denn bei *Lichter des Varieté* fungierte er nur als Coregisseur neben Alberto Lattuada. Dazu kamen zwei mittellange Episoden, zusammen ergaben sie einen ganzen Film. Nach Fellinis Rechnung stand jetzt Film Nummer 8 ½ an.)

Die Ursprungsidee aller seiner Filme stammt von Fellini, doch die Ausarbeitung ist Sache eines gut eingespielten Teams. Fünfzehn Jahre lang, schon seit dem ersten halben Film, hießen die Drehbuch-Mitarbeiter Tullio Pinelli und Ennio Flaiano. Es ist für Außenstehende schwierig, ihre urheberrechtliche Leistung, ihren Anteil am Drehbuch zu bestimmen – Pasolini, bei *Die Nächte der Cabiria* herangezogen, meinte, Fellini sei der «einzige wahre Autor» und «alle Mitarbeit am Manuskript nichts anderes als das Heranschaffen von unbehauenem Material, das er vollständig umformt»[120]. Wie auch immer: Fellini läßt nicht schreiben, er ist kein Regisseur, der sich das von anderen verfaßte Drehbuch aneignet, indem er die letzte Fassung selbst schreibt. Sondern es wird zu zweit oder zu dritt, oft über Monate hinweg, eine Idee entwickelt, in zwangloser Atmosphäre drauflos fabuliert, bis sich ein Handlungsverlauf herauskristallisiert, Szenen und Dialoge sich einstellen. Die Rollenverteilung war klar: Fellini macht die ersten Vorgaben. Pinelli, der Coautor aus alten Tagen, *Erfinder von Geschichten und Konstrukteur,* nahm den Faden auf und bemühte sich um Verbindungslinien. Flaianos Part war es, alles wieder *zu Fall zu bringen und in Trümmer zu legen.* Die Destruktion war ein produktiver Akt, denn nun konnten *die Teile des Gebäudes, die inmitten der Trümmer stehengeblieben waren, als tragende Struktur der Geschichte betrachtet werden*[121] Diese Methode hatte immer funktioniert, nur bei *8 ½* war es anders: Die Einzelteile standen, doch ein Grundriß ließ sich nicht erkennen.

Federico Fellini kam zu dem Schluß, es sei nutzlos, weiter am Drehbuch zu basteln. Vielleicht konkretisierte sich die Geschichte, wenn er schon einmal Drehorte aussuchte und sich Gedanken über die Besetzung machte. Auf diese Art würden die Figuren Gestalt annehmen, war seine Hoffnung. Der Produktionsstab wurde zusammengestellt, Schauspieler zu Probeaufnahmen geholt. Die Vorbereitungen liefen an, damit hatte er sich bewußt unter Zugzwang gesetzt. Nun mußte er tagtäglich Entscheidungen treffen, doch eine merkwürdige Unsicherheit hatte ihn befallen. Der Produzent Angelo Rizzoli wurde nervös: Das Team war engagiert, das Studio angemietet. Die Kalkulation belief sich auf 6 500 000 DM, doch der Regisseur hatte nur verschwommene Vorstellungen. Von Woche zu

«8 ½»: Guido (Marcello Mastroianni) bei der Pressekonferenz

Woche wurde der Drehbeginn verschoben. Fellini sah sich in einer aus-
weglosen Lage: *Ich bin ein Regisseur, dachte ich, der einen Film machen
wollte, der ihm entfallen ist.*[122] Ein genialer Kunstgriff rettete ihn aus dieser Situation: Er machte seine Krise zum Thema von *8 ½*.

Auf den 9. Mai 1962 hat die Journalistin Deena Boyer, die ein Produk-
tionstagebuch führte, den «geheimen Beginn» der Dreharbeiten datiert.
Wieder wurden, wie schon so oft in den Monaten zuvor, Probeaufnahmen
gemacht. Doch diesmal sind es Bilder, die man später im Film sehen wird:
Aus dem *beliebigen Mann* als Protagonisten ist der Filmregisseur Guido
geworden. Er wird sich diese Aufnahmen in einer Mustervorführung an-
schauen, bedrängt vom Produzenten, sich doch endlich zu entscheiden.
Was nun eine Filmszene ist, war kurz zuvor noch Wirklichkeit. Realität
und Fiktion verschränkten sich, und Fellini tat ein Übriges, um die Konfusion zu fördern: Abgesehen von Marcello Mastroianni, den er als sein
alter ego in den Plan einweihte, wußte keiner der Schauspieler genau,
wann er sich selbst darstellte und wann er «schauspielerte». «Während
der Arbeit erweitern sich die physischen Dimensionen jeder Einstellung
und begreifen auch die der realen Welt in sich, die dort beginnt, wo der
Bildausschnitt endet», notierte Deena Boyer. «Wir unterliegen ihrem
Einfluß auch jenseits jener Teilstücke der Dekoration, die der Regisseur,

den dramatischen Erfordernissen gemäß, abwechselnd von der Kamera erfassen läßt.»[123] Eine «große kreative Meditation über die Unfähigkeit zu kreieren», so hat Christian Metz in seiner «Semiologie des Films» treffend *8 ½* beschrieben. Die Kühnheit von Fellinis Entwurf wird erst sichtbar, wenn man ihn mit filmischen Selbstreflexionen anderer Regisseure vergleicht. *8 ½* folgt nicht dem üblichen Muster, wo eine Rahmenhandlung, mehr oder weniger kunstvoll verschachtelt, den Film im Film spiegelt. Fellini dagegen benutzt eine offene Komposition, wie sie sonst nur aus der modernen Literatur bekannt ist. Schaffensprozeß und Werk sind untrennbar miteinander verknüpft. Die Koinzidenz bewirkt nahezu Identität: «Dadurch, daß Guido über seinen Film reflektiert und sich über sich selbst Gedanken macht, wird er – zumindest vorübergehend – mit Fellini eins; dadurch, daß der Film, den Guido machen wollte, eine Gewissensprüfung und eine Bilanz des Filmemachers sein sollte, wird er eins mit dem, den Fellini gemacht hat.» Metz bringt dies auf die Formel: «*8 ½* ist der Film, in dem *8 ½* entsteht.»[124]

Die Rudimente realistischer Handlungskonstruktion sind in wenigen Sätzen erzählt. Guido hat sich in einen mondänen Kurort zurückgezogen, doch bald stellen sich alle ein, denen er eigentlich entkommen wollte: Drehbuchautor und Produzent treffen ein, Geliebte und Ehefrau folgen. Das private Chaos verstärkt die Schaffenskrise und umgekehrt. Die Produktionsmaschinerie läuft auf vollen Touren, doch der Regisseur hat kaum mehr als eine vage Idee. Ein utopischer Film soll es werden, also läßt er erst einmal eine bombastische Dekoration bauen, die Abschußrampe für ein Raumschiff. Doch die Inspiration bleibt aus – Ladehemmung. *«Ich wollte einen einfachen, ehrlichen Film machen, und jetzt herrscht in meinem Kopf die größte Verwirrung»*, bekennt Guido. Während Produzent, Schauspieler und Techniker ihn mit Fragen bestürmen, auf die er keine Antwort weiß, ist sein Kopf – wie François Truffaut es formuliert – «voll von kleinen durcheinander wimmelnden Ideen, Eindrücken, Gefühlen, aufkeimenden Wünschen»[125]. Mögen auch einige Szenen im Thermalbad oder am geplanten Drehort spielen, der eigentliche Ort der Handlung ist Guidos Kopf.

Seine Wirklichkeit ist die Realität des Films. Bruchlos gehen Handlungspartikel über in assoziative Bildsequenzen, ausgelöst von Wunschphantasien und Schuldkomplexen. Träume sind nach C. G. Jung nichts anderes als metaphorische Selbstdarstellungen, die aktuelle Lage des Unbewußten in symbolischer Ausdrucksform. Wenn Guido bedrängt wird, flüchtet er in aggressive Tagträume. Den Intellektuellen, der immer scharfzüngig das Drehbuch kritisiert, läßt er abführen und aufhängen. An der Schwägerin, die ihn einen Schaumschläger nennt, rächt er sich, indem er sie in seine erotischen Träume einreiht: Da sieht er sich als Pascha, der einen ganzen Harem um sich versammelt hat. Doch eine Revolte bricht aus, nur mit der Peitsche kann er die Frauen in Zaum halten.

Wie Wünsche und Ängste sich überlagern, die Traumerzählung von sich widersprechenden Emotionen vorangetrieben wird, dafür ist die Eingangssequenz ein gutes Beispiel. Guido steckt eingekeilt zwischen Autos im Stau. Er sieht sich um: Überall Menschen hinter Glasscheiben, fremd und seltsam wie Tiere im Aquarium. Plötzlich überfällt ihn klaustrophobische Angst: Er will raus, aber die Tür klemmt; er fühlt sich im Auto eingesperrt wie in einem Käfig. Nur einen Spalt breit läßt sich das Fenster öffnen, aber sein Freiheitsdrang ist so stark, daß er irgendwie entweichen kann. Er steigt auf in die Lüfte, offenbar kann er fliegen. Ein Glücksgefühl durchströmt ihn, er läßt sich treiben. Die hupenden Autos bleiben in der Ferne zurück; schon liegt unter ihm die weite Fläche des Meeres. Doch etwas stört ihn, zieht ihn nach unten, und er blickt herab: Ein Seil hängt an seinem Fuß. Das andere Ende hält ein merkwürdig gekleideter Mann, der ihn wie einen Kinderdrachen an der Schnur hat und jetzt her-

Kinoanzeige

Fellini bei den Dreharbeiten zur Schlußszene von «8 ½»

unterholt. Guido verliert das Gleichgewicht: Er rudert in der Luft, gleich wird er ins Meer stürzen... Solche Traumsituationen sind, auch wenn die Kulissen aus der individuellen Biographie stammen, intersubjektiv. Das trennende Ichbewußtsein ist ausgeschaltet; im Traum artikulieren sich allgemein gültige Gefühlszustände.

Unsere Phantasien und Träume werden von Motiven bestimmt, die auch in Mythen und Märchen zu finden sind. C. G. Jung spricht von archetypischen Vorstellungen; sie werden von «besonders lebhaften Gefühlstönen begleitet» und können nicht erklärt, sondern nur in eine andere Bildsprache übersetzt werden.[126] Er hätte die Geschichte von 8 ½, meinte Fellini, auch in der Form eines Märchens erzählen können, und tatsächlich ist Guido ein Held, *der gegen die Ungeheuer kämpft, gegen Neurosen und Angst, gegen die wirklichen Gefahren*[127]. *Asa nisi masa* liest die Zauberkünstlerin in Guidos Gedanken, eine Beschwörungsformel, wie wir sie aus Märchen kennen. Auch die Audienz beim Kirchenfürsten, von der er sich eine Wendung erhofft, erbringt nur einen formelhaften Orakelspruch, ein religiöses Abrakadabra. Abschließend zitiert der Kardinal ein Dogma: Der Mensch könne im irdischen Leben nicht glücklich werden. Die Szene ist inszeniert als gespenstischer Auftritt, und der Kirchenmann wirkt wie *ein Monstrum der Finsternis*. Sie evoziert eine Kindheitserinnerung: Mit ein paar Münzen hatte einst eine Bande von Jungen die Saraghina, eine Art animalisches Urweib, aus ihrem Bunker gelockt; der Klosterschüler Guido wurde erwischt und einer strengen Inquisition unterzogen. Schon den Kindern wurde eingeimpft, in Frauen mütterliche Heilige oder teuflische Huren zu sehen. *Wir sind Hunde, die Flöhe mit sich herumschleppen, in unserem Fall die katholisierende Erziehung, die wir mit der Muttermilch in uns aufgenommen haben.* [128]

Aber die Sequenz bringt nicht bloß eine lustfeindliche Moral ins Bild, sie handelt auch von Fellinis Erfahrungen mit der Institution Kirche. (Hinter den Kulissen unterhielt er eine Zeitlang engen Kontakt mit dem Klerus. So führte er zum Beispiel, als es Probleme mit der Zensur gab, *Die Nächte der Cabiria* dem Kardinal von Genua vor.) Mit Blick auf die Vergangenheit äußerte er einmal, *die katholische Kirche mit ihrer profunden Kenntnis der menschlichen Seele* habe die Künstler *wie Kinder* behandelt: Einerseits habe sie Geschenke und Belohnungen verteilt, *gleichzeitig aber schürte sie unerbittlich das Schuldgefühl des Künstlers angesichts einer Arbeit ohne unmittelbaren Nutzen und eines Lebens außerhalb der Norm, bedroht von finsteren Mächten, die einen zu Verstößen gegen das Erlaubte und Legitime, gegen die Verbote und die überkommene Ordnung verleiten* [129]. Fellinis Haltung bleibt dabei ambivalent; die Prämisse, Künstler sind Kinder, akzeptiert er durchaus.

Am Schluß von *8 ½* steht eine Apotheose: Eine Journalisten-Schar besucht den Drehort und besichtigt die Set-Aufbauten: die Abschußrampe als babylonischer Turm, Kulminationspunkt künstlerischen Größenwahns. Auf einer Pressekonferenz soll Guido Auskunft geben – ein gehetztes Wild, von der hungrigen Meute gejagt. In panischer Angst verkriecht er sich unter dem Tisch und schießt sich eine Kugel in den Kopf. Ein Tagtraum, denn gleich darauf sehen wir ihn im Gespräch mit dem Drehbuchautor. Offenbar hat er den Film abgesagt; die Dekorationen werden abgebaut. Da erscheinen weiß gekleidete Gestalten, Clowns und Zirkusfiguren, Eltern, Lehrer und die Saraghina, seine Frau Luisa und die Geliebte, kurz alle Menschen, die in Guidos Leben eine Rolle gespielt haben. Eine suggestive Melodie erklingt, ein Kind führt den Reigen an. Guido flüstert Luisa zu: «*Das Leben ist ein Fest, laß es uns gemeinsam erleben*», sie nickt. Beide reihen sich ein. *Allmählich verlöschen die Lichter, mitten auf der Wiese bleibt nur Guido als Kind zurück.* [130]

Ein optimistisches Finale: Guidos Versuch, der Verwirrung Herr zu werden, Ordnung in seine Gedanken und Träume zu bringen, scheitert, aber dies ist keine Katastrophe. *Könnte nicht der Sinn von alledem sein, daß er mit seiner gesamten Vitalität in diesem phantastischen Ballett aufgehen und nur darauf bedacht sein sollte, den Rhythmus richtig zu erfassen?* [131] Diese Botschaft wird in der Tiefenstruktur lange vorbereitet. [132] Sich zuspitzende Szenen lösen sich immer wieder auf in Momente spielerischer Motorik. Tänzelnd beschleunigt Guido seinen Gang, wenn er den lästigen Fragen seiner Mitarbeiter entkommen will. Solche Einlagen bestimmen den Filmrhythmus; Melancholie geht unversehens über in Euphorie. Ein komödiantischer Gestus prägt diesen Film, der von Verzweiflung handelt. *8 ½* ist frei von Larmoyanz, und darum rutscht der Film, trotz des autobiographischen Gehalts, nie ab in eine peinliche Selbstentblößung.

Alle möglichen Einwände gegen das Unternehmen werden bereits im Film vorweggenommen. Auf der Pressekonferenz halten die Journalisten Guido vor: *«Wenn Sie bankrott sind, was wollen Sie dann lehren? Geben Sie zu, daß Sie nichts mehr auszusagen haben!»* Und der Drehbuchautor, das bissig-ironische Porträt eines Intellektuellen, stellt alles in Frage: *«Was bedeutet es dir, die Fragmente deines Lebens, deine vagen Erinnerungen, die Gesichter von Leuten, die du niemals liebtest, zusammenzustellen?»* Sein Urteil fällt vernichtend aus: *«Welch ungeheuerliche Arroganz hat dich glauben gemacht, daß andere von der traurigen Liste deiner Fehler profitieren könnten!»* Fellini hat sich diesen Fragen gestellt und deshalb nicht nur von sich selbst erzählt. Gewiß, *8 ½* ist das Dokument einer Krise und Befreiungsschlag zugleich; *die Grenze zwischen dem, was ich für mich, und dem, was ich für das Publikum gemacht habe* [133], ist nicht immer zu erkennen. Aber Fellini kam es darauf an, seine Selbstzweifel, seine privaten Obsessionen zu objektivieren. Das Thema ist allgemeiner, umfaßt mehr als bloß die Künstlerproblematik. Der Film handelt von der Midlife-crisis eines beliebigen Mannes, dem Fellini aus Gründen subjektiver Ehrlichkeit seine Züge verliehen hat. Er könnte aber, darauf besteht der Regisseur, auch Rechtsanwalt oder Geschäftsmann sein. Die Aussage wendet sich an alle Zuschauer. Es ist die Aufforderung, die Grübelei über das Dasein aufzugeben und den Rhythmus des Lebens aufzunehmen. (Fellini selbst tat nichts anderes, als er ohne exakte Vorstellungen mit den Dreharbeiten begann im Vertrauen darauf, daß die Reise an ein Ziel führen würde.)

In der letzten Einstellung wird die ganze Welt zur Zirkusarena, und die Melodie, die der Junge auf der Flöte bläst, erinnert an das Leitmotiv von *La Strada*. Nino Rota schrieb bis zu seinem Tod die Musik zu allen Fellini-Filmen: von *Der weiße Scheich* (1950) bis zu *Orchesterprobe* (1979). So wie eine bestimmte Ikonographie das Werk dieses Regisseurs auszeichnet, ist auch die Musik zu einem stilprägenden Element der Filmsprache Fellinis geworden. (Wobei sich Rota nicht scheute, den Wiedererkennungseffekt zu nutzen: Häufig zitiert er sich selbst, Motive aus anderen Fellini-Filmen, denn sie alle gehören zu einem Universum.) Der Komponist, zu dessen Œuvre auch Opern, Symphonien und Streichquartette zählen, arbeitete mit Regisseuren wie Visconti, Franco Zeffirelli und King Vidor zusammen und erhielt für die Musik zu «Der Pate» von Francis Ford Coppola einen Oscar. Doch in die Filmgeschichte eingegangen ist er vor allem als der kongeniale Mitarbeiter Fellinis: Mit traumwandlerischer Sicherheit konnte er Rhythmus und Stimmung einer Fellini-Szene erfassen.

Nur in seltenen Fällen hat Filmmusik dramaturgische Funktion. In *La Strada* zum Beispiel ist sie Leitmotiv und – Gelsominas Lied auf der Trompete – sogar Handlungsmoment. Meist dient die Musik bei Fellini nur als illustrative Milieukomponente, nicht als autonomes oder kontrapunktisch eingesetztes Gestaltungsmittel. Rota erläuterte einmal den Arbeitsprozeß: «Bei *8 ½* ist es so gewesen: Ich hatte den ersten Teil des Hauptmotivs des Films schon geschrieben, und zusammen mit Federico habe ich den zweiten Teil, der dann dominierend wurde, gefunden.» [134] *Es ist nicht so, daß ich ihm die musikalischen Themen vorschlage, denn ich selber bin nicht musikalisch,* ergänzt Fellini. *Ich kann ihn nur anleiten und ihm genau erklären, was ich mir wünsche.* [135] Obwohl die Partitur erst nach dem Rohschnitt entsteht, ist die Musik von Anfang an im Film: Während der Dreharbeiten läßt Fellini Schallplatten abspielen, *das hilft den Schauspielern,*

Nino Rota

«Julia und die Geister»

sich im Rhythmus der Musik zu bewegen, die Nino später komponiert[136]. Man könnte sagen, Rota ist ein Meister im Nachkomponieren, und tatsächlich ist vieles, was wie eine einfache volkstümliche Melodie oder ein Zirkusmarsch klingt, in Wahrheit eigens für den Film geschriebene Musik.

Die filmische Expedition in unbekannte Zonen der menschlichen Seele setzte Fellini fort mit Opus 9½: *Julia und die Geister.* Der Originaltitel ist anspielungsreicher: *Giulietta degli spiriti* ist ein Film *über Giulietta und für Giulietta*[137] und ihre Neigung zum Spiritismus. Nach der Autobiographie des Regisseurs nun die Autobiographie seiner Frau. Wobei uns die Wahrheitstreue gewisser Details nicht zu beschäftigen braucht, handelt es sich doch um eine recht gewöhnliche, alltägliche Geschichte: Eine Frau, seit fünfzehn Jahren verheiratet, entdeckt, daß ihr Mann sie betrügt. Julia wird von Minderwertigkeitskomplexen geplagt, sie ist weder schön noch sexy. Gleich zu Beginn erfährt sie bei einer spiritistischen Sitzung aus dem Mund des Mediums: *«Du bist nichts. Bedeutest nichts. Für niemanden»* und fällt in Ohnmacht. Die Gesellschaft, die katholische Erziehung und die kleinbürgerlichen Konventionen haben die Frau reduziert auf ihre Funktion in der Ehe; als Julia merkt, daß ihr Mann fremdgeht, verliert sie den Boden unter den Füßen.

Mit «analytischer Grausamkeit» [138] verfolgt der Film die schmerzhafte Suche nach Identität außerhalb der sozialen Definition als Gattin und Hausfrau. Julia wird von traumatischen Kindheitserlebnissen überfallen; so hatte sie als Klosterschülerin in einer Theateraufführung eine Märtyrerin auf dem Feuerrost gespielt, ein Schreckenserlebnis, das sich tief in der kindlichen Seele eingebrannt hat. Zudem ist sie anfällig für obskure Kulte gleich welcher Art: Parapsychologie, fernöstliche Heilslehren oder Psychoanalyse (einst das Instrument der Aufklärung, heute eine moderne Spielart des Aberglaubens). *Es ging mir darum,* erklärt Fellini, *eine Wirklichkeit auszudrücken, die sich so verdünnt, daß sie in den Bereich des Visionären übergeht.* [139] Die Dämonen ergreifen von Julia Besitz: Übersinnliche Phänomene und Erscheinungen, groteske Szenarien der Traumwelt reihen sich aneinander. *«Das große Geheimnis ist, sich selbst spontan zu verwirklichen»,* heißt es im Film; die *Selbstbefreiung einer Frau* will Fellini schildern, doch er vermag die positive Wendung nicht glaubhaft zu vermitteln: Die letzten Filmbilder – ein Lächeln auf Julias Gesicht, ein lichtdurchfluteter Pinienhain, dazu Zirkusmusik als Untermalung – wirken wie schon bekannte, ja bereits abgenutzte Taschenspielertricks, mit denen er sich wenig überzeugend aus der Affäre zieht.

Während der Film vorgibt, von Giulietta Masina zu handeln und der Schauspielerin viel abverlangt, ist er jedoch unverkennbar von einem Mann gedreht. Nie wieder hat Fellini sich so weit in das Unbewußte vorgewagt. Er zitiert die Auffassung C. G. Jungs, daß *die Frau dort ist, wo im Mann die Dunkelheit beginnt* [140]. Die Personifikation einer weiblichen Natur im Unbewußten des Mannes nennt der Schweizer Psychoanalytiker Anima. Die Giulietta seines Films ist eine Kunstfigur, der spiritistische Spuk nur Vorwand, um in surrealistisch überhöhten Bildern einen Archetypus zu fixieren. In den frühen Filmen, von *La Strada* bis *Die Nächte der Cabiria*, ist die Anima ein nahezu geschlechtsloses Wesen. Beginnend mit *La Dolce Vita* spaltet sie sich in Ehefrau und Traumweib, in schlechtes Gewissen und sexuelle Attraktion. Sandra Milo, die bereits in *8 ½* die Geliebte des Regisseurs spielte, stellt im Pandämonium von *Julia und die Geister* in drei Rollen das Gegenbild zu Giulietta dar. Der Film präsentiert immer neue Bilder der Anima, während der komplementäre Archetypus – der Animus als Personifikation einer männlichen Natur im Unbewußten der Frau – ihm nicht in den Blick gerät. Die Geister, die Giulietta sieht, sind Fellinis Gespenster, Projektionen seiner eigenen Schuldgefühle.

Julia und die Geister ist ein Vexierspiel, ein buntes Kaleidoskop, von Sequenz zu Sequenz neu geschüttelt. Ein neues Spielzeug wurde ausprobiert: Von der Fingerübung *Die Versuchungen des Doktor Antonio* abgesehen war dies Fellinis erster Farbfilm. Die Entscheidung wurde in den sechziger Jahren diktiert von der Filmindustrie, wobei Fellini, wie zuvor schon Antonioni und Visconti, die Farbe zu einem Element der visuellen

Dino De Laurentiis

Gestaltung machte. *Im Traum kann man eine rote Wiese, ein grünes Pferd oder einen gelben Himmel sehen,* und dieser Film, der extensiv von Halluzinationen und Alpträumen erzählte, erlaubte dem Regisseur die kühnsten Experimente. *Zwischen den Farben einer Filmszene,* so seine Beobachtung, *findet eine regelrechte Ansteckung, ein fließender Austausch statt, der eine ständige Grenzüberschreitung bewirkt.* [141] Der technische Effekt konnte ihm nur recht sein, denn Entgrenzung ist unausgesprochen das Kompositionsprinzip dieses Films. Die Bildarrangements sprengen alle ästhetischen Konventionen. Jugendstil, Comics, Surrealismus, alle möglichen Stile werden gemischt: Pop-Art konstatierte die verblüffte Kritik. Doch bei aller Bewunderung für die Phantasmagorie, *Julia und die Geister* löste vor allem Ratlosigkeit aus. «Sind es nun künstlerische Objektivierungen privater Gesichte, Verwandlungen der Wirklichkeit während eines Ganges durch ein imaginäres Museum? Oder sind es gerade im Gegenteil Aussperrungen der Wirklichkeit im Rausch formaler Verliebtheiten und symbolischer Phantastereien?» [142]

Manierismus ist ein untrügliches Zeichen: Fellini hatte die Krise noch nicht überwunden. *Toby Dammit,* sein von Edgar Allan Poe inspirierter Beitrag zu dem Episodenfilm «Histoires extraordinaires», wirkt wie die höhnische Karikatur eines Fellini-Films. In aller Öffentlichkeit ohrfeigte er sich selbst. *Den Stil Fellinis bis zur Parodie, bis zum Grotesken zu über-ziehen: Auf diese Weise kann ich nicht mehr umkehren. Ich habe meine Art, Filme zu machen, meine Gemeinplätze, satt. Ich ertrage sie nicht mehr, ich ertrage mich nicht mehr.*[143] Dieser gegen sich selbst gerichteten Attacke vorausgegangen war das Scheitern des Projekts *Die Reise des G. Mastorna.* Die Verträge mit den Schauspielern und Technikern waren bereits unterzeichnet, in Cinecittà gigantische Bauten errichtet worden, als den Regisseur Selbstzweifel überfielen, *Angst vor beruflicher Impotenz* und das Gefühl, seine schöpferischen Kräfte seien verbraucht.[144] Fellini flüchtete in die Krankheit; er bekam eine Brustfellentzündung und mußte eine Zwangspause einlegen. Die amerikanischen Financiers zogen sich zurück; Produzent Dino De Laurentiis unternahm hektische Rettungsversuche. Doch auch im zweiten Anlauf glückte es Fellini nicht, seine nebulösen Vorstellungen zu konkretisieren und den Glauben an seine Arbeit wiederzugewinnen. Das fiktive Katastrophen-Szenario von *8 ½* wurde Wirklichkeit, doch das Wunder am Schluß blieb aus. Die Vorbereitungen wurden erneut und diesmal endgültig abgebrochen.

Geld zählt nicht mehr, hatte Fellini verkündet, als er die Gründung seiner eigenen Produktionsfirma bekanntgab.[145] Doch *Julia und die Geister* erwies sich als ökonomischer Mißerfolg; es blieb der einzige Film, den die Federiz jemals produziert hat. Dino De Laurentiis, der in *Die Reise des G. Mastorna* bereits fast 4 Millionen DM investiert hatte, verklagte den Regisseur auf Schadenersatz und ließ Möbel und Gemälde in Fellinis Wohnung pfänden. Der Produzent von *La Strada* hatte sich zu einem Filmmogul entwickelt, der sich für künstlerisch uninteressante Kommerzproduktionen wie «Die Bibel» eine Hollywood-Größe wie John Huston holte. Kaum war der Konflikt beigelegt, bot er Fellini «Waterloo» an, eine reichlich absurde Idee. *De Laurentiis macht Kino auf amerikanisch, er schafft mit ziemlicher Präzision die Voraussetzungen des programmierten Werks*[146], doch *Fabrikfilme* waren Fellinis Sache nicht. Mit der düster-makaberen Etüde *Toby Dammit* befreite er sich von altbekannten Motiven und schuf so Platz für einen Neuanfang.

Streitigkeiten und Auseinandersetzungen mit Produzenten, die zermürbenden Konflikte um die richtige Besetzung und Etatfragen, juristische Querelen und Prozesse, all dies blieb Fellini auch später nicht erspart. Derlei Ärger gehört geradezu zum Ritual der Vorbereitungen und wirkt auf ihn offenbar animierend. Mag er auch über die Dummheit und Mittelmäßigkeit von Produzenten herziehen, er sucht doch immer wieder Konstellationen, wo er Zwängen ausgesetzt ist. *Ich bin Künstler, das heißt, meine Psychologie ist die eines Kindes, das nur arbeitet, wenn man es dazu zwingt.*[147] Das Kind braucht einen strengen Vater – um dann die Gebote zu überschreiten. Anders gesagt: Heutzutage haben die Filmproduzenten jene Rolle übernommen, die früher die Kirche als Auftraggeber der Künstler innehatte.

Das Leben, ein Phantasiegebilde

*Rimini ist ein verwickelter, beängstigender, zärtlicher Mischmasch mit gro-
ßem Atem, mit der weiten Öffnung des Meeres. Dort wird unser Heimweh
klar und durchsichtig, vor allem vor dem winterlichen Meer mit den weißen
Wellenkämmen und dem starken Wind...* Heimatstolz spricht aus diesen
Worten. Fellini fühlt sich ganz als Romagnole: *Wir haben keine Krämer-
seelen. Eher poetische. Unsere Rinder sind weiß wie Schnee – es ist nicht
wahr, daß Weiß leichter schmutzt als Gelb –, und ihre sehr langen Hörner
haben die Form einer Lyra. Es sind sensible, musikalische Tiere.*[148]

Als der Regisseur in der Krise steckte und eine Zwangspause einlegen
mußte, schrieb er den Essay *Mein Rimini*. Es ist ein sehr persönliches
Buch, voller Kindheitserinnerungen, Anekdoten und Konfessionen.
Aber auch mit exakten Ortsangaben, so daß man auf den Spuren Fellinis
einen Rundgang durch die Stadt unternehmen kann. Vom Bahnhof, dem
Ort der abenteuerlichen Träume, zum eleganten, um die Jahrhundert-
wende erbauten «Grand Hotel», einem *Märchen des Reichtums, des Lu-
xus, des orientalischen Prunks*, oder gleich zum Strand, wo die Touristen-
Massen in der Sonne braten. Nach dem Krieg, in dem viel zerstört wurde,
ist Rimini zu einer gesichtslosen Ferien-Hochburg verkommen, doch
schon als kleiner Junge beobachtete Fellini *die Deutschen, die mit dem
Daimler Benz ans Meer kamen* (und *im Wasser Dickwänste, Walrosse*).
Die eigentliche Stadt liegt auf der anderen Seite der Eisenbahnlinie. Das
Kino «Fulgor», das Federico in hitzigen Pubertätsträumen eine *warme
Kloake aller Laster* schien, steht noch; es befindet sich gleich neben der
Kirche Chiesa dei Servi. Seine Angaben über das Geburtshaus sind jedoch zu korrigieren: Laut Eintragung in die Einwohnermeldekartei
wohnte die Familie Fellini damals in der Viale Dardanelli Nr. 10. Derlei
Recherchen finden nicht den Beifall des Künstlers, der mit seinem Werk
keineswegs den Fremdenverkehr ankurbeln will: *Ich habe den Eindruck,
zu einem Objekt des Tourismus geworden zu sein, dagegen lehne ich mich
auf.*[149]

Federico Fellini hat ein gebrochenes Verhältnis zum Heimatort. *Ich
kehre nicht gern nach Rimini zurück*, bekennt er. Dort leben die Mutter,
Schwester Maddalena und ein paar Jugendfreunde, mit denen er immer
noch Kontakt hält. Aber jedesmal, wenn er die Stätten der Kindheit auf-

sucht, wird er *von Gespenstern angefallen, die eigentlich schon archiviert, eingeordnet sind*[150]. Rimini ist für ihn *eine verfälschte, manipulierte, erfundene Erinnerung*. Und so soll es bleiben: Offenbar hat er Angst davor, von der Wirklichkeit zur Korrektur seines Bildes gezwungen zu werden. Erinnerung ist eine subjektive Wahrheit; Fellini will sie nicht der Realität aussetzen. Den Film *Amarcord* – der Titel zitiert einen Dialektausdruck, eine Verschleifung von «A m'arcord», auf deutsch: «Ich erinnere mich» – hat er nicht in Rimini gedreht. Im Atelier ließ er die Kleinstadt-Szenerie nachbauen. Heimat: ein Kunstprodukt, hergestellt in Cinecittà.

Die Reise in die Dimension der Erinnerung ist ein in der Vergangenheit spielender Tagtraum, *notwendigerweise eine verrückte, lächerliche, komische und närrische Wiederbesichtigung*[151] von Situationen, Erlebnissen und Wahrnehmungen, die, oft nur unzusammenhängend, verzerrt und verzeichnet, aus dem Unbewußten auftauchen. Die erste Szene von *Amarcord*: Corso und Piazza eines Städtchens. Der Frühling kündigt sich an. Durch die Luft wirbelt die Manine, flockig-weicher Pappelsamen. Der Dorfdepp schnappt nach ihm, brabbelt eine unverständliche Erklärung vor sich hin. *«Was willst du uns sagen?»* Aus dem Off hört man Fellinis Stimme, die Erinnerung beschwörend. Statt einer durchgehenden Handlung entfaltet der Film ein Kleinstadt-Panorama als pittoresken Bilderbogen: der Provinzgigolo und der klatschsüchtige Friseur, die mondäne Schönheit und der skurrile Sonderling, die italienische Familie, in der laut und temperamentvoll gestritten wird, Lehrer, Geistliche und Carabinieri, allesamt leicht groteske Gestalten, liebevoll gezeichnete Karikaturen. Die Provinz als Welttheater: Man spielt große Oper, doch es wirkt immer nur wie eine Operettenvorstellung. Der Junge Titta steht im Mittelpunkt, seine pubertären Träume und Sehnsüchte, diese seltsam erregenden und zugleich quälenden Momente, verwirrend und peinlich. Der Reiz des Verbotenen, die ersten sexuellen Abenteuer und hinterher die Schuldgefühle. Dabei spielt sich das meist nur in Gedanken ab. Als die Tabakhändlerin ihn an ihren gewaltigen Busen drückt, flüchtet er entsetzt zur Mama. Eine andere Episode variiert das Thema: Man unternimmt eine Landpartie, dazu wird der verrückte Onkel Theo aus der Anstalt geholt. In einem unbeobachteten Moment klettert er auf einen Baum und schreit: *«Ich will eine Frau!»* Anfangs amüsiert man sich darüber, doch nach einer Stunde stellt sich Ratlosigkeit ein. Vergeblich alle Versuche, ihn herunterzuholen – der Onkel sitzt in der Baumkrone und verlangt nach einer Frau. Erst als die zwergwüchsige Nonne aus der Anstalt kommt – sie verfügt über eine unerklärliche Macht –, genügt ein Satz, und der eben noch wütende Irre steigt gehorsam und sanftmütig vom Baum.

Die Filme haben jetzt die Phase der erzählenden Prosa hinter sich gelassen und kommen der Poesie immer näher.[152] Einige ausdrucksstarke Bilder sind die eigentlichen Schlüsselszenen. An einem nebligen Morgen steht dem kleinen Bruder Tittas auf dem Schulweg plötzlich ein weißes Fabeltier gegenüber – oder ist es nur eins der heimischen Rinder mit den wie eine Lyra gebogenen Hörnern? An einem Tag im Sommer wartet die ganze Stadt in Ruderbooten auf den Ozeanriesen «Rex». Es wird Nacht, und dann passiert der lichtergeschmückte Luxusdampfer die Mole – ein illuminiertes Raumschiff, das gleich wieder von der Dunkelheit geschluckt wird. Gebannt verfolgt man das Schauspiel: Das Schiff kommt aus Amerika, eine Ahnung von großer Welt und unerreichbarer Ferne zieht vorüber. Zugleich ist die «Rex» ein Repräsentationsobjekt mit Propagandawert, ein Symbol für den faschistischen Staat und seine Macht.

Bereits in der ersten Sequenz, als die Filmkamera den Ort durchstreift, kommt ein kahlköpfiger Faschist ins Bild. Neben den traditionellen Festen, die den Wechsel der Jahreszeiten begleiten, gibt es auch die vom Regime verordneten oder in seinem Sinn umfunktionierten Feiern. Mit militärischem Pomp wird der 21. April, der Jahrestag der Gründung Roms, inszeniert. Es kommt zu einem Zwischenfall: Unbekannte haben auf dem Kirchturm ein Grammophon installiert, das ununterbrochen die «Internationale» abspielt; auch Tittas Vater wird von den wütenden Fa-

Rimini

schisten malträtiert. Über dieser und manch anderer Episode liegt der Faschismus wie ein drohender Schatten. Er wird verscheucht von anderen, ebenso abenteuerlichen Ereignissen. Der Erzählfluß ebnet alles ein: In der Erinnerung werden politische Konfrontationen zu Anekdoten, die man genüßlich erzählen kann wie Schulstreiche oder erste Liebeserlebnisse. Verharmlosung des Faschismus hat man Fellini vorgeworfen.

Tatsächlich bemüht sich der Film nicht darum, politische und sozioökonomische Zusammenhänge aufzuzeigen. Er bleibt auf einer rein phänomenologischen Ebene; die Perspektive ist der Blick eines Kindes. Fellini über Mussolini: *Und dann hat er den Gymnastiklehrer erfunden. Das verzeihe ich ihm nie. Diese Erfindung hat mir zu hart zugesetzt.*[153] Der Arbeitstitel von *Amarcord* lautete «Il borgo», «Das Städtchen», und der Ort sollte modellhaft für die italienische Provinz stehen. Eine Gemeinde, fernab von den großen Zentren, selbstgenügsam in sich ruhend und ohne viel Kontakt mit der Außenwelt. Daß am Schluß die Kleinstadt-Schönheit sich nach auswärts verheiratet, ist eine Sensation – wie kann nur jemand freiwillig seine Heimat verlassen? Fellini zeigt, wie beschränkt das Provinzdasein ist: *Es war eine verfehlte, klägliche, schäbige, grausame*

Welt.[154] Der Provinzler weigert sich, erwachsen zu werden, und diese Haltung hat fatale politische Konsequenzen: Man lebt in dem tröstlichen Gefühl, *daß immer jemand da ist, der für einen denkt, einmal ist es die Mama, einmal der Papa, bald der Duce, die Madonna oder der Bischof. Unterwürfigkeit und Infantilismus sind die zwei Seiten einer Medaille. Und ich glaube, Schuld an diesem chronischen Entwicklungsfehler, diesem Steckenbleiben in einem kindlichen Stadium, hat mehr noch als der Faschismus die katholische Kirche.*[155]

Meine Erinnerungen sind nicht von Nostalgie, sondern von Ablehnung erfüllt, behauptete Fellini in einem Interview zu *Amarcord.*[156] Doch der Film widerspricht seinem Regisseur. Von der verbalen Radikalität, mit der er Provinzialismus geißelt, ist in *Amarcord* kaum etwas zu spüren. Der Filmautor strebte Ambivalenz an – *Das Städtchen hat zwar etwas Erstickendes, andererseits ist es zugleich eine Arche Noah*[157] –, doch im *Konflikt zwischen Erinnerung und Wirklichkeit* siegte das Wunschbild. Im Gespräch nennt Fellini die Menge, die den vorbeiziehenden Ozeandampfer anstaunt, kindisch und dumm, aber die Inszenierung der Sequenz zeugt davon, daß der Regisseur nicht minder fasziniert zuschaut. Der Mann der Interviews hat seinen Heimatort für immer verlassen; der Filmschöpfer ist mit seinem Werk ganz nach Rimini zurückgekehrt. An der derben Komik und den lächerlichen Posen der Provinzler hat er offenbar

Die «Rex» aus «Amarcord», aufgebaut im Swimmingpool von Cinecittà

Filmplakat
zu «Amarcord»

seinen Spaß. Der Titel *Amarcord* ist eine poetische Chiffre, in der auch Amore anklingt: Die Welt der Provinz wird in ein liebevolles Licht getaucht.

Die Distanz der Zeit wird mitinszeniert. *Der Film wird wie ein Album werden, wie wenn man in einem alten Fotoalbum blättert,* erläuterte Fellini während der Dreharbeiten. *Bilder, Augenblicke. Kein Held. Der Held ist ein Schatten, ist eine Hand, die Notizen macht, ein Finger, der auf den Auslöser der Kamera drückt, ein machtloser Zeuge, der, ohne selbst helfen*

Szene aus «Amarcord»

zu können, der Auflösung einer Epoche beiwohnt.[158] Statt filmischer Vergegenwärtigung erstarrte Formen: In jedem Moment wird der Gestus der Erinnerung ausgestellt. Die eher gedämpften Farben, die an naive Malerei erinnernde Bildgestaltung, der Verzicht auf interessante Kameraperspektiven und die Bevorzugung flächiger Bildarrangements, der sprunghafte Rhythmus harter Schnittfolgen: Erzählduktus und optischer Stil arbeiten mit dem Mittel der Reduktion.

Federico Fellini hat eine zweite Heimat: *Ich bin doch nur ein halber Romagnole. Die Familie meiner Mutter stammt aus Rom, seit vielen, vielen Generationen.*[159] Eine gute Kreuzung, betont er bei jeder Gelegenheit. Rimini und Rom, Provinz und Metropole, das sind die beiden Pole seiner Welt. Der eine Ort repräsentiert abgeschlossene Vergangenheit, der andere pulsierende Gegenwart. Seit 50 Jahren lebt er in der Stadt am Tiber, und noch immer spricht er von ihr mit einer Begeisterung, als sei er gerade erst angekommen. *Rom ist eine horizontale Stadt aus Wasser und Erde, hingebreitet, und darum eine ideale Plattform für die Phantasie.*[160] *Und es*

94

ist eine Stadt, die mir zugleich bekannt, vertraut und voll von Geheimnissen ist. In Rom kann man alles entdecken; es kann Indien, Ägypten, Babylon, Sodom und Gomorra sein.[161] In immer neuen Wendungen, Definitionen und Paradoxien hat er zu fassen versucht, was Rom für ihn bedeutet; abschließend sei zitiert, was aus Fellinis Mund wohl das höchste Lob darstellt: *Diese Stadt ist wie eine Frau*[162], das heißt ebenso unergründlich wie faszinierend.

Ich wollte eine Stadt erzählen, so sein Vorsatz für seinen Film *Roma.* Aber Fellini hatte *ein Sujet ohne Grenzen* gewählt, und so wurde der Film *fließend und chaotisch, reich an Gefühlen und fremdartigen Entdeckungen*[163]. Das in festgelegten Bahnen ablaufende Kleinstadtleben gab *Amarcord* seine Form vor; am Ende des Films ist es wieder Frühling, und die Manine fällt. So leicht ließ sich Rom nicht in Filmbildern einfangen. Fellini suchte erst einmal Abstand, um sich von weit her anzunähern. *Roma* beginnt in Rimini. Schule, Theater, Kino: In der humoristischen Eingangssequenz wird vorgeführt, was damals den Kindern an Klischees über römische Geschichte eingepaukt wurde. Das erste Bild von Rom: Stazione Termini, der Hauptbahnhof, Zeit: um 1939. Die dritte Ebene führt in die unmittelbare Gegenwart: Fellinis Team bei der Arbeit, zum Beispiel bei Außenaufnahmen auf dem Autobahn-Ring. Eine gespenstische Blechlawine schiebt sich im strömenden Regen vorbei. Hektik, lärmende Hupen, Chaos. Ein Unfall: Ein Laster mit Kälbern ist umgestürzt; tote Tiere liegen auf dem nassen Asphalt in Pfützen voll Blut. Eine Demonstration, Polizeieinsatz. Ein Kardinal, neben sich im Auto zwei chinesische Diplomaten, auf dem Weg zum Vatikan. Und mittendrin die Filmleute. Der Kameramann hockt auf einem hohen Kran, der *unwirklich aussieht wie ein Raumfahrzeug mit herausragenden Plattformen, Greifarmen und anderen wuchtigen und komplizierten Vorrichtungen*[164]. In den zuckenden Blitzen von Leuchtraketen werden die Umrisse antiker Ruinen sichtbar. Rush Hour in Rom: ein Inferno.

Das *Karussell von Erinnerungen, wirklichen Ereignissen und Träumen*[165] dreht sich. Erinnerungen: Der junge Mann durchstreift die Stadt, erobert sie für sich. Er nimmt an dem täglichen Volksfest teil, zu dem das Essen in der Trattoria regelmäßig ausartet. Er besucht das Bordell, diesen traurigen Fleischmarkt, *wo die sexuelle Aufklärung direkt mit der katholischen Erziehung verbunden ist*[166]. Und er geht ins «Jovinelli», eine Mischung aus Varieté, Music-Hall und Kabarett. Doch unbeschwertes Amüsement will nicht aufkommen: Die Vergnügungssucht ist Flucht aus dem Alltag, in dem Faschismus und Krieg herrschen, und der Abend endet im Luftschutzkeller. Dazwischen immer wieder Sequenzen aus der Gegenwart: Das Filmteam wandert mit der Kamera durch das heutige Rom. Die Touristen, die Hippies, die kritischen Studenten; Interviews mit Marcello Mastroianni, Gore Vidal und Anna Magnani. Die Filmleute gehen in den Untergrund: Ein U-Bahn-Tunnel wird gebaut, die riesige Fräsmaschine

frißt sich durch die Erde. Immer wieder muß man unterbrechen, weil man auf archäologisch interessante Funde stößt. Farbenprächtige Fresken werden freigelegt, doch sie verblassen sofort, als frische Luft eindringt: Die Zeugnisse der Vergangenheit lassen sich nicht konservieren.

Spielte *Amarcord* in einem *geträumten Rimini, einem erinnerten und durch Zeichen heraufbeschworenen Rimini*[167], so macht Fellini auch aus Rom einen imaginären Schauplatz. Er montiert Impressionen und Obsessionen derart, daß die Momentaufnahmen aus dem Leben der Stadt sich

*Dreharbeiten
zu «Roma»
in Trastevere,
einem Altstadtviertel
Roms*

verwandeln zum Symbol, zur Vision, zum Menetekel. Die Arbeiten im U-Bahn-Schacht: eine Entdeckungsreise ins Innere der Erde, eine Szene wie aus einer Abenteuergeschichte von Jules Verne. Die Autobahn, *die Rom umgibt wie der Ring den Saturn* [168], ist keine gewöhnliche Straße, sondern ein Stück Science-fiction: die Verkehrsschneise mit den hektisch vorüberziehenden Scheinwerferlichtern als planetarische Umlaufbahn. Rom ist die Stadt von Papst und Kirche, *die Heimat des Pomps, des Ornaments, der Schminke, des Barock* [169]. Fellini errichtet einen Laufsteg und läßt die neuesten Kreationen für Novizinnen, Nonnen, Patres und Kardinäle vorführen. Die *religiöse Choreographie*[170] fasziniert ihn am Katholizismus, er stellt sie in dieser brillant inszenierten Sequenz aus. Nicht übersehen werden sollte, daß der blasphemische Jux politisch scharf akzentuiert ist: Veranstaltet wird die klerikale Modenschau von der *schwarzen Aristokratie*, und am Ende erscheint, vom Adel inbrünstig zurückersehnt, Pius' XII., der Papst aus der Zeit des Faschismus. Das Finale: Eine Formation von 50 Motorrädern donnert durch das nächtliche Rom. Die Horde rast vorbei an den geschichtsträchtigen Stätten, dann verschwinden diese apokalyptischen Reiter in der Dunkelheit.

Für einen Filmmenschen, schwärmt Fellini von der Stadt Rom, *ist sie der ideale Hintergrund, verfertigt von der besten Filmgesellschaft der Welt. Alle Dekorationen, die man für alle Filme eines Lebens braucht, sind hier vereinigt.*[171] Um so erstaunlicher, daß er nicht die realen Kulissen genutzt hat, sondern eigene Attrappen im Studio nachbauen ließ. Fast hat man den Eindruck, der Regisseur habe Angst, auch sein Fresko könnte unter Sauerstoffzufuhr zusammenbrechen. Selbst das Verkehrschaos auf der Ringautobahn ist eine Rekonstruktion im Atelier, wenige Kilometer vom realen Ort entfernt. Einstmals hatte der Neorealismus postuliert, der Filmemacher müsse mit der Kamera auf die Straße gehen, um größtmögliche Authentizität zu erreichen. Heute vertritt Fellini die entgegengesetzte Position: *Die Fiktion kann eine treffendere Wahrheit erzeugen, als die alltägliche es ist, als die, die wir vor Augen haben,* lautet sein künstlerisches Credo. *Authentisch muß nur die innere Bewegung sein.*[172] Dieses ästhetische Verfahren ermöglicht die Freisetzung ungebundener Phantasie, erweist sich aber in *Roma* als durchaus problematisch: Was wie die Reportage über die Dreharbeiten aussieht, ist in Wahrheit eine sorgfältige Inszenierung. Dokumentarischer Charakter wird mit den Interviews vorgetäuscht, doch es handelt sich um nachgestellte Wirklichkeit. Nicht nur der reale Ort wird zu einer Projektionsfläche, auch der Filmschöpfer selbst löst sich auf in eine Fiktion. Fellini spielt Fellini oder: Fellini, eine Erfindung von Fellini.

Nicht Rimini oder Rom ist seine Heimat, sondern Cinecittà. Dies ist der Geburtsort des Künstlers: Kindheit und Jugendjahre erscheinen ihm als Inkubationszeit, erst in Cinecittà kam er zur Welt. Hier lebt und arbeitet Fellini. Das 600000 Quadratmeter große Areal mit den zwölf Ateliers, Tonstudios, Bassins, Versatzstücken und Fassadenfluchten (vom Westerndorf bis zur Straßenkulisse) nennt er seine *ideale Stadt*, und die berühmte Halle 5, wo alle Fellini-Filme entstanden, ist sein Zuhause.

Vor *Roma* und *Amarcord* drehte er den Fernsehfilm *Die Clowns*, eine Hommage an die *irren, grotesken Gestalten*, die *in ihrer totalen Irrationalität, ihrer Gewalttätigkeit, ihren extravaganten Launen eine Erscheinung aus meiner Kindheit gewesen sind*[173]. Wieder werden Reportage und Erinnerung, historische Recherche und private Suche nach der verlorenen

Dreharbeiten zu «Roma»: Fellini demonstriert die Ermordung Julius Caesars

Zeit kombiniert. Die in Rimini angesiedelten Szenen hätten ebenso gut in *Amarcord* eingefügt werden können – Fellini gestand, er könne bald seine eigenen Filme nicht mehr unterscheiden. *Ich komme mir vor wie ein Geschäft im Räumungsverkauf. Ich packe aus, was ich in langen Jahren aufgespeichert habe. Meine Filme haben immer von diesem Reservoir gelebt: Provinz, Kindheit, vom ganzen Leben, an das sich einer zu erinnern sucht: Rom, die Frauen; Theater, Zirkus, Film – als Darstellung des Lebens und als Leben selbst; dann und wann auch Gott, einmal bei den Frauen, einmal in Rom, einmal in Rimini. Das ist der Vorrat, den ich habe.* [174] Nach drei autobiographischen Filmen waren die Regale leergeräumt.

Pinocchio in der Stadt der Frauen

«Ich hätte gern ein Stück Holz, um einen Kasper daraus zu schnitzen.» Meister Antonio holt eilig unter der Hobelbank jenes verflixte Holzscheit heraus, das ihn schon so sehr geärgert hat, und schenkt es Geppetto. Kaum ist dieser zu Hause, greift er zum Werkzeug – ihm schwebt ein Hampelmann vor, der tanzen, fechten und Luftsprünge machen kann. «Mit diesem Kasper will ich dann um die Welt reisen, und sicher wird man mir überall ein Stück Brot und ein Glas Wein dazu geben, wenn ich ihn den Leuten zeige.»[175] Wie die Geschichte weitergeht, kann man bei Carlo Collodi nachlesen. Der Kinderbuch-Klassiker «Pinocchios Abenteuer» ist Fellinis Lieblingsbuch.

Als Kind habe ich für mich allein Marionetten gebastelt. Zuerst zeichnete ich sie auf Karton, dann schnitt ich sie aus, und zum Schluß machte ich die Köpfe aus Ton oder leimdurchtränkter Watte.[176] Instinktiv habe er geahnt – ein überdeutlicher Wink: Prädestination –, er werde sich das ganze Leben lang mit Farben, Kostümen, Schauspielern beschäftigen. Von der Besetzung der Hauptrollen abgesehen, sucht er die Darsteller nach Typen aus. *Wenn ich meine Schauspieler einmal gewählt habe, werden wir Freunde, ich verliebe mich in sie: so wie ein Puppenspieler sich in seine Puppen verliebt.*[177]

Pinocchio geht ins Kasperletheater. Die Vorstellung hat schon begonnen: Harlekin und Hanswurst ohrfeigen und prügeln sich, daß es eine Freude ist. Als sie Pinocchio im Zuschauerraum entdecken, unterbrechen sie ihr Spiel: «Komm hier zu uns herauf und wirf dich in die Arme deiner hölzernen Brüder!» Der läßt sich nicht lange bitten, schwingt sich aus dem Parkett über die Rampe: herzliche Begrüßung auf der Bühne. Das Publikum wird unruhig. Da tritt der Puppenspieler hervor. «Sein Mund war so breit wie eine Ofentür, seine Augen glühten wie zwei rote Laternen, und in den Händen schwang er eine dicke Peitsche, die aus Schlangen und Fuchsschwänzen geflochten war.» Die armen Kasperlpuppen zittern wie Espenlaub.

Der Regisseur bei den Dreharbeiten: ein Dompteur in der Manege. *Es ist so, als wäre ich ein Tierbändiger. Bei der geringsten Unaufmerksamkeit entziehen sich die wilden Tiere meiner Kontrolle, und mit dem Film ist es aus.* Alberto Moravia, Freund und Bewunderer, kommentiert ungerührt

Pinocchio.
Zeichnung von Fellini

Fellinis Selbstbild: «Er schildert die Tyrannis der künstlerischen Arbeit in einer Gruppe, gesehen von der Seite und mit den Augen des Tyrannen.»[178]

Der Puppenspieler Fellini hält nicht viel von Schauspielern: Zynisch redet er von *menschlichem Material.* Sie sind bloße Erfüllungsgehilfen, Marionetten in seinem Arrangement. Als Partner im kreativen Prozeß akzeptiert er sie nicht: *Die Schauspieler, die über ihre Rolle nachdenken, mit eigenen Ideen kommen und das Drehbuch auswendig lernen, machen mich unbehaglich.*[179] Dieser Regisseur diskutiert nicht, erläutert den Darstellern nicht ihre Rolle. Während der Dreharbeiten dirigiert er die Schauspieler, die nur mechanisch seinen Anweisungen folgen. Kaum verwunderlich, daß ihr Spiel oft hölzern wirkt. Meistens jedoch fügt sich das in Fellinis Konzept. «Es mag einem unwahrscheinlich vorkommen», bemerkte seine langjährige Assistentin Liliana Betti, «daß ein Schauspieler, der wie ein Gegenstand behandelt wird, auf der Leinwand wirklichkeitsnah und wirkungsvoll erscheinen kann. Es ist jedoch gerade die kalte

Geometrie der Gesten und Handlungen, die von außen bestimmt werden, das Fehlen jeder bewußten Anteilnahme des Schauspielers, die den Gestalten eines Fellini-Films eine derart penetrante Präsenz verleiht.» [180]

Seine Art, mit den Darstellern umzugehen, hat Methode: Er hält sie unwissend, so daß sie ihm ausgeliefert sind. Man kann sich diesem Regisseur nur voll und ganz anvertrauen – und Fellini verfügt über genügend Charme, eine Atmosphäre besonderer Intimität herzustellen. Dafür gibt es viele Zeugnisse. «Es war eine wunderschöne Beziehung, eine magische, in der wir uns nichts sagen mußten», schwärmt *Casanova*-Darsteller Donald Sutherland. [181] Und was fällt Fellini ein, wenn er an die Dreharbeiten zu diesem Film zurückdenkt? *Der beunruhigte, ängstliche Blick von Donald Sutherland, der von meiner Seite Fallstricke, List und Verrat befürchtete. Jedesmal, wenn ich auf ihn zuging, um ihm vorzumachen, was er tun sollte, versteifte er sich wie einer, der eine Gefahr wittert, vor der es kein Entrinnen gibt.* Das sadistische Vergnügen rechtfertigt der Regisseur mit dem Ergebnis: Er ist überzeugt, daß *diese chronische Angst, dieses unheilbare Mißtrauen der Gestalt nur zuträglich war, denn sie wirkte da-*

Giacomo Casanova.
Gemälde von Pietro Longhi

Fellinis Casanova

durch noch viel seltsamer, fremder und gespenstischer – genau so, wie ich sie mir vorgestellt hatte [182].

Federico Fellini stellt es so dar, als sei er in das Casanova-Pojekt ahnungslos hineingeschlittert. Leichtfertig habe er den Vertrag unterzeichnet und erst dann die Memoiren des Lebemannes gelesen. Nach der Lektüre der rund viertausend Seiten meinte er ernüchtert: *Casanova existiert für mich nicht, ich habe ihn nicht kennengelernt, ich habe ihn nicht gefunden auf den Seiten.* [183] Die Lebensgeschichte des Frauenhelden sei langweilig wie ein *Telefonbuch.* Statt erotische Erlebnisse zu schildern, mache hier ein pedantischer Buchhalter Inventur: Die vielen Frauen und sexuellen Abenteuer, die Reisen und Empfänge auf den Fürstenhöfen, alles werde derart unsinnlich und unpersönlich aufgelistet, daß man von einem

Nicht-Leben sprechen müsse. Für die (zweifellos vorhandenen) literarischen Qualitäten – unter anderen zeigten sich Heinrich Heine, Ludwig
Tieck und Friedrich Hebbel beeindruckt – hat Fellini kein Sensorium,
und auch der historischen Gestalt wird er sicher nicht gerecht. Seine heftige Ablehnung grenzt an Haß und Verachtung: Er nennt Casanova einen
Provinz-Playboy, ein Monstrum, einen Faschisten, eine *Hohlform* und
einen *Hampelmann, der die Welt mit steinernen Augen betrachtet*. Das ist

Casanova und die mechanische Puppe

es, was Fellini, allen anderslautenden Auskünften zum Trotz, fasziniert. Sein Schlüssel zu diesem Werk: *Casanova ist Pinocchio*.[184]

«Die sinnlichen Genüsse zu kultivieren, bildete die Hauptbeschäftigung meines ganzen Lebens.» Giacomo Casanovas Selbstcharakteristik wird bei Fellini gegen den Strich gebürstet, der Mythos gründlich demontiert. Vorgeführt wird kein Virtuose der Liebeskunst, sondern ein sexueller Akkordarbeiter. Statt Lust mechanischer Vollzug. Niemals eine Spur von Leidenschaft: *ein Liebhaber mit eiskaltem Sperma*.[185] Und ein Opfer eines Rufs, den es zu verteidigen gilt: In einem öffentlichen Wettbewerb – Konkurrent ist ein Stallbursche – hat er seine Potenz unter Beweis zu stellen. Vorher macht er – diese Szene ist mitleidlos und frei von Komik inszeniert – Liegestütze als Lockerungsübung. Er trägt ein Blech-Spielzeug mit sich herum, das bei jedem Akt zum Einsatz kommt: Der Gockel plustert sich auf und schlägt mit den Flügeln, sobald er aufgezogen wird. Genauso funktioniert auch Casanova. Nur einmal wird er zärtlich; offenbar hat er seine Idealfrau gefunden: eine lebensgroße mechanische Puppe. Sie ist die perfekte Partnerin für die gefühllose Liebesmaschine namens Casanova.

Ein Mann, der nur aus Fassade besteht: Fellini hat Donald Sutherlands Gesicht zu einer starren Maske schminken lassen, sein natürliches Profil durch eine aufgeklebte Nase verfremdet. Die Produzenten hatten sich wohl eine Art *La Dolce Vita* als historischen Kostümfilm versprochen; Fellini enttäuschte sie, er schuf einen *Totenfilm*: *Es gibt keine Personen, keine Situationen, keine Exposition, kein Schürzen des Knotens, keine Katharsis, es ist ein rasendes mechanisches Ballett, wie ein Museum mit elektrifizierten Wachspuppen*.[186] Die Dreharbeiten verschlangen 20 Millionen DM; das Budget wurde hemmungslos überzogen, drei Produzenten wurden verschlissen. (Für zusätzliche Aufregung sorgte der – nie ganz geklärte – Diebstahl von einigen Rollen unersetzlichen Negativ-Materials.) Mit immensem Aufwand wurde im Studio der Canal Grande in Venedig, eine Londoner Taverne, das Pariser Palais der Marquise d'Urfé und das Dresdner Theater nachgebaut. Eine gigantische Pappmaché-Szenerie: Fellini hat sich keine Mühe gegeben, alles täuschend echt aussehen zu lassen. Casanova bewegt sich in Kulissen, seine Welt besteht nur aus Fassaden. Leblose Stilisierung und extreme Künstlichkeit: *Jene geheimste, erhabene Suggestion, die in der Erstarrtheit, vergleichbar mit der Immobilität eines von einer Nadel durchstochenen Schmetterlings, liegt*[187], sie ist in den besten Sequenzen erreicht. Wie ein Insektensammler inventarisiert Casanova seine Eroberungen; diese Haltung bestimmt auch den Gestus der Inszenierung. Seinem Traum, einen Film aus feststehenden Bildern zu machen, ist Fellini hier am nächsten gekommen.

Die erste Szene spielt während des Karnevals in Venedig. Das Maskengetümmel kommt zum Stillstand, die lärmende Menge verstummt – das große Schauspiel am Kanal beginnt. Langsam taucht ein gewaltiger

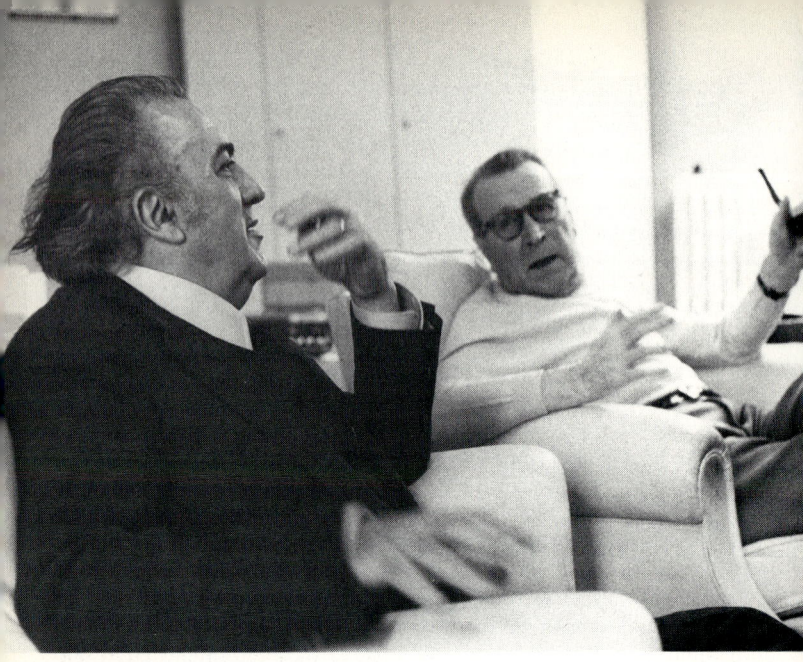

Federico Fellini im Gespräch mit Georges Simenon, 1977

Frauenkopf aus dem Wasser auf. Schon jubeln die Leute: *«Gesegnetes Venessia! Venessia ist geboren!»*, da reißen die Seile, und der Fetisch sinkt zurück auf den schwarzen Grund. *Wasser-Venedig-Plazenta-Uterus-Mutter-Kirche*, so lauteten Fellinis Stichworte zu dieser Szene, mit der das Hauptmotiv des Films etabliert wird. *Casanova bleibt immer ungeboren, er bleibt lebenslang eingeschlossen im Mutterleib (Weib und Kirche).*[188] Gefangen in den Bleikammern von Venedig, liegt er in der Zelle zusammengekrümmt wie ein Embryo. Er ist immer auf der Flucht, die Orte ebenso wechselnd wie die Frauen. Im Dresdner Theater kommt es zu einer unverhofften Begegnung mit der Mutter; als er die Greisin hinausführt auf die Straße, schleppt er sie *wie ein Paket im Arm*: eine Last, die man nie los wird. Für Fellini ist Casanova ein typischer Italiener: ein Mann mit krankhafter Mutterbindung, nie recht erwachsen geworden.

Pinocchio in Collodis Kinderbuch wird nicht größer. Die Fee mit den blauen Haaren erklärt es ihm: «Weil Hampelmänner nie wachsen. Sie werden als Hampelmänner geboren, leben wie Hampelmänner, benehmen sich wie Hampelmänner und sterben als Hampelmänner.» Pinocchio erlebt eine ganze Serie von merkwürdigen Abenteuern. Fellini sieht in ihm ein *Symbol des Menschen, der nicht nach Hause zurück will, des Menschen, der in seiner Neugier immer wieder versucht, sich in das unentwirr-*

bare Labyrinth des Lebens zu stürzen [189]. Er faßt immer wieder gute Vorsätze und macht doch alles falsch, er fühlt sich ständig schuldig und ist ununterbrochen auf der Suche nach der Fee mit den blauen Haaren. Er liebt sie und fürchtet sich gleichzeitig vor ihr. Als er das Haus endlich wiedergefunden hat, fehlt ihm zunächst der Mut, einfach anzuklopfen, und er geht dreimal vorbei. Sie ist für ihn alles: ein wunderschönes Mädchen, eine gute Fee und eine Mutter, die beschützt und straft.

Das Kinderbuch, das nicht zuletzt wegen seines antiautoritären Tonfalls erstaunlich modern wirkt, entpuppt sich zum Schluß als moralisierender Erziehungsroman. Am Ende winkt der Lohn für gute Taten: Die Fee verwandelt den Holzkasper in «einen richtigen Jungen». Casanova dagegen ist in Fellinis Sicht *ein Pinocchio, der niemals Mensch wird* [190]. Der Filmautor wollte *finstere Rache an dieser Gestalt* üben, doch in den Schlußeinstellungen wird Casanova unversehens zu einer tragischen Figur. Der greise Lebemann verdient sich sein Gnadenbrot als Bibliothekar auf einem württembergischen Schloß. Ein abgetakelter Weiberheld, über den die jungen Mädchen kichern, nur noch ein Gespenst seiner selbst, *ein bejammernswerter Clown*, wie es in einer Regieanweisung heißt. Müde und gedemütigt zieht er sich auf sein Zimmer zurück und träumt vom verschneiten Venedig. Die Palazzi, die Brücken, die märchenhaften Bauten, alles ist vereist. Eine glänzende Kutsche fährt vorbei; der Papst und die Mutter lächeln ihn an. Und plötzlich ist sie wieder da, die mechanische Frau. Casanova und die Puppe, zwei Marionetten, tanzen mit gezierten, ruckartigen Bewegungen auf der großen, öden Eisfläche.

Der Film hat auch eine zeitkritische Dimension. Für seine Abrechnung mit dem italienischen Männlichkeitswahn unternahm Fellini umfangreiche Recherchen. Befragt wurden nicht nur Psychologen und Historiker, sondern auch eine Reihe von heutigen Casanovas. «Ich habe es vor ein oder zwei Jahren einmal ausgerechnet: Seit dem Alter von dreizehneinhalb Jahren habe ich 10000 Frauen gehabt.» Dieses überraschende Bekenntnis machte Georges Simenon in einem Gespräch mit Fellini. Er habe keinerlei sexuelle Laster, sondern lediglich das Bedürfnis zu kommunizieren. «Aber menschlichen Kontakt suchen heißt noch nicht ihn finden. Man trifft meistens nur Leere, nicht wahr?» Das ausschweifende Leben eines Erotomanen: im Rückblick schien Simenon alles düster und hoffnungslos. Von dem *Casanova*-Film zeigte er sich tief beeindruckt, besonders von der Automaten-Frau: «Diese Wachsfigur ist nach all den Frauen aus Fleisch und Blut die einzige, die ein wenig Wärme und Zärtlichkeit gibt.»

Das denkwürdige Gespräch, nie ins Deutsche übersetzt, hatte eine französische Zeitschrift initiiert. [191] Man wußte, daß die beiden Künstler mit gegenseitiger Wertschätzung das Werk des anderen verfolgten. Als Jurypräsident hatte Simenon 1960 in Cannes dafür gesorgt, daß *La Dolce Vita* ausgezeichnet wurde; Fellini lobte anläßlich des 75. Geburtstags des

Autors die Vollkommenheit seiner Erzählungen, die psychologische Genauigkeit und warme Menschlichkeit.[192] Doch nun saßen sich der Schriftsteller und der Filmregisseur, zwei alternde Casanovas, gegenüber und tauschten untereinander Geständnisse aus. Fellini, sonst immer mit einem schnellen Bonmot bei der Hand, sinnierte darüber, woher seine Aversion gegen den legendären Frauenheld rühren könne – und warum er den Film trotzdem machen mußte. Casanova sei auch ein Symbol für den Künstler, gefangen in der neurotischen Dimension der schöpferischen Illusion. *Es ist ein Film über die Bedeutungslosigkeit des Schaffens, über die trockene Wüste, in der der kreative Mensch sich fatalerweise wiederfindet, nachdem er nur mit seinen Marionetten oder mit seinen Wörtern gelebt hat. Wobei er vergaß, die animalische, essentielle Seite seines Daseins sich ausleben zu lassen.* Selbstkritische Einsichten eines Puppenspielers. Auch *Casanova*, vordergründig eine Literaturverfilmung, ist eine autobiographische Reflexion. Fellini behandelt die eigenen Ängste und Obsessionen an der Schwelle des Alters, beim *Hinübergleiten in den letzten Lebensabschnitt.*

Die Stadt der Frauen greift dieses Motiv auf und treibt es in die Groteske. *Es ist die Geschichte eines Mannes, der die Frau umkreist und von allen Seiten betrachtet,* erläutert der Regisseur seinen bei der Premiere heftig umstrittenen Film. *Einer, der auf der Suche nach einer Frau – der Frau – zu sein scheint, aber mit dem Wunsch, sie nie zu finden. Vielleicht hat er Angst davor, weil er glaubt, die Frau zu finden, sie zu bekommen, bedeute für ihn erliegen, verschwinden, sterben.*[193] Snaporaz – wiederum Marcello Mastroianni als alter ego Fellinis – ist ein Schürzenjäger mit silbernen Schläfen. Während der Bahnfahrt steigt er einer schönen Frau nach und läßt sich von ihr – der Zug hält unvermittelt auf offener Strecke – in den Wald locken. Sie führt ihn in ein Hotel, wo ein seltsamer Feministinnen-Kongreß stattfindet: Dia-Vorträge, Theater-Vorführungen, gymnastische Übungen, Meditationen. Snaporaz fühlt sich bedroht, er flüchtet aus diesem Hexenkessel in die phallokratische Trutzburg seines Schulfreundes Sante Katzone. Dieser Chauvinist und Sexprotz (sein Name im italienischen Original: Cazzone, von cazzo = der Schwanz) hat sich eine Spezial-Galerie eingerichtet: Fotos seiner Verflossenen und dazu – auf Knopfdruck – die entsprechenden Lustschreie beim Liebesakt. 10 000 Frauen hat er gehabt: Voller Besitzerstolz führt er Snaporaz durch sein Mausoleum.

Die Entdeckungsreise wird immer mehr zum Alptraum. Die *ewige Ehefrau: Opfer und Nervensäge* taucht auf. Auf einer riesigen Achterbahn rutscht Snaporaz in die eigene Vergangenheit: Erinnerungen an die ersten erotischen Abenteuer, darunter auch ein Kino-Bild: Auf einem Riesenbett onanieren die Buben, stimuliert von den Sex-Bomben auf der Leinwand. Mit letzter Anstrengung hangelt Snaporaz sich hinauf in einen Ballon; über der Gondel schwebt *eine riesige künstliche Frau, die ihm*

«Stadt der Frauen»: der feministische Kongreß

sanft und rätselhaft zulächelt – die Madonna-Frau, Mutter, Luft, Nacht, Sterne, Licht, Montgolfière, und daran berauscht er sich, davon läßt er sich davontragen[194]. Doch das Hochgefühl währt nicht lange. Das Gewehrfeuer einer Feministin läßt das Gas aus der Frauenpuppe entweichen, der Ballon gerät ins Trudeln, Snaporaz stürzt in die Tiefe – und findet sich wieder in dem ruckelnden Zug. Er war eingeschlafen; nur mühsam kehrt er in die Wirklichkeit zurück. Ihm gegenüber sitzt die Ehefrau, er aber hat eher Augen für die beiden jungen Studentinnen im Abteil. Den Mantel zieht er über die Schultern, verkriecht sich in seinen Sitz und schließt erneut die Augen.

Männerphantasien, Männerängste: Mit viel Selbstironie schildert Fellini die Verunsicherung durch das neue Selbstbewußtsein der Frauen. Er ist über den Feminismus nicht minder verwirrt als sein Protagonist. *Das Weibliche ist für mich Mysterium, Faszination, Kreativität.*[195] Die Frau als Muse des Künstlers: *Bei jedem magischen oder esoterischen Akt steht immer eine Frau neben dem Zauberer.*[196] Sein altmodisch-romantisches Frauenbild formuliert Marcello Mastroianni noch blumiger: «Welcher Mann fühlt sich denn nicht angezogen von einem Märchenwald, aus dem er zwar keinen Ausgang kennt, der ihn aber ruft mit seinen geheimnisvollen Vogelstimmen, der verführerisch duftet, durch dessen Blätter weiche Sonnenstrahlen fallen.»[197] Sätze, die Snaporaz im Film sagen könnte. *Die*

Stadt der Frauen ist ein «weibliches Labyrinth», durch das der Mann stolpert, neugierig und ängstlich, lüstern und feige.

Skandal machte der Film, weil feministische Gruppen sich ausgebeutet und hintergangen fühlten: Als man sie engagierte, hieß es, Fellini plane eine Hommage an die Frau; nach Besichtigung des Ergebnisses protestierten sie erbost. Ein denunziatorisches Zerrbild wird entworfen: Dem verschreckten Snaporaz, dessen Perspektive sich der Film zu eigen macht, erscheinen die Emanzen als Ausgeburten der Hölle. Der Auftritt militanter Frauen-Verbände zum Beispiel erinnert an die Terror-Methoden der Nazis. Aber das Panoptikum ist keineswegs einseitig ausgerichtet, und wenn die Kamera sich auf dem Feministinnen-Kongreß umschaut, kommen nicht nur geifernde Aktivistinnen ins Bild. (Günter Grass verschlug es die Sprache: «Heiliger Fellini! Diese Armbeuge, dieser Halsansatz, diese müden, tragischen und doch fordernden Blicke. Gesten, weitschweifend oder innen gewendet.»[198]) Ein Misogyn, ein Frauenfeind ist Fellini gewiß nicht.

Nimmt man der Handlung alle bizarren Ausschmückungen, so wird die Struktur einer politischen Parabel sichtbar: Der Zusammenbruch sozial definierter Geschlechterrollen setzt abstruse Ideologien, Chaos und Anarchie frei, die Eigendynamik des von den Frauen entfachten Fortschritts. Die Männer befinden sich auf historisch überlebter Position, ihr konservatives Weltbild zerbröckelt; übrig bleibt aggressiver Chauvinismus oder lächerliches Macho-Gehabe. Doch als Kommentar zur Zeitsituation – derlei Interpretationen wurden von Fellini in Interviews dementiert und gleichzeitig genährt – taugt der Film nur bedingt: Sein Schauplatz ist das Unbewußte, und Träume lassen sich nicht ideologiekritisch rezensieren. Der Film ist *ein Märchen über die Frauen*[199]; die soziale Realität wird in symbolische Sprache übersetzt, wobei Unbehagen, das Gefühl der Bedrohung denn doch offenkundig ist. Fellini schlage sich wenigstens mit dem Feminismus herum, kommentierte die Filmemacherin Helma Sanders-Brahms. «Andere verdrängen ihn einfach. Daß ihm, dem italienischen Hätschelkind von Mama und Hure, die ganze Richtung nicht paßt, ist begreiflich und war nicht anders zu erwarten.»[200] Eine gemeinsame Ebene gibt es nicht: Die emanzipierten Frauen wollen nicht länger Objekt (von Anbetung oder sexueller Begierde) sein, sie wollen sich nicht länger allein über den Mann definieren. Für Fellini ist die Frau jedoch nur ein Spiegel; letztlich macht er nicht Filme über Frauen, sondern über sich selbst. *Ich weiß nicht, was die Frau ist, ich sehe in ihr immer mich selbst. Alles, was mir fehlt, projiziere ich in sie. Die Frau verkörpert das, was du nicht hast.*[201]

So wird Pinocchios erste Begegnung mit der Fee im Kinderbuch geschildert: «Ein schönes Mädchen mit dunkelblauen Haaren und einem Gesicht so weiß wie ein Wachsbild wurde sichtbar, aber es schien sich überhaupt nicht zu bewegen, wie es da stand, mit den Armen über der

Brust gekreuzt, die Augen geschlossen, ja nicht einmal die Lippen regten sich, als es nun mit einer feinen Stimme sprach.» In den verschiedenen Traumstationen von *Die Stadt der Frauen* taucht immer wieder Donatella auf, eine Verkörperung der Frau schlechthin. Der Regisseur war begeistert von diesem Gesicht: *Es sah aus wie aus Holz geschnitzt, bemalt wie eine Marionette, eine Tarockfigur, mit den glänzenden, aber dunklen Augen, fast wie die einer Blinden.*[202] Kein Zweifel: Donatella ist die Fee mit den blauen Haaren, Snaporaz ist Pinocchio und die Stadt der Frauen ist sein Wunderland. Fellini bestätigt: Eine Reihe von Erscheinungen könne man mit Figuren aus dem Kinderbuch vergleichen. *Nur das Finale ähnelt nicht dem Buch, denn Snaporaz zieht es vor, in dem Moment, in dem ihn seine Reise hat reifen lassen und er den Sinn hätte erkennen müssen, da zieht er es vor, wieder einzuschlafen und weiterzuträumen.*[203] Immer neue Abenteuer auf der Suche nach der Fee: Dieser Pinocchio will nicht Mensch werden.

Der wahre Realist ist ein Visionär

Annie und Alvy stehen in der Schlange vor dem Kino. Hinter ihnen redet ein Mann auf seine Begleiterin ein: «Wir haben letzten Dienstag den Fellini gesehen, der gehört nicht zu seinen besten Filmen, er hat keine kohäsive Struktur. Man hat das Gefühl, er ist sich selber nicht so ganz sicher, was er sagen will.» Alvy murmelt, gleich treffe ihn der Schlag; ruhig bleiben, rät Annie ihm, einfach nicht zuhören. Doch der Intellektuelle hinter ihnen verbreitet weiter unaufgefordert seine Ansichten. Alvy seufzt und spricht direkt in die Kamera: «Dem Typen würd ich jetzt gern eins in die Nieren reinsemmeln.»

Eine Szene aus Woody Allens Film «Der Stadtneurotiker».[204] Der amerikanische Komiker, der keiner mehr sein will, gehört zu den Bewunderern Fellinis. Sein Film «Stardust Memories», Allens neunte Regie-Arbeit, ist eine brillante Paraphrase von *8 ½*, Hommage und Parodie in einem. Schon die Eingangssequenz ist ein Zitat: Klaustrophobie und Panik, die im Original den im Auto eingeklemmten Guido überfallen, bedrängen Sandy in einem Zugabteil. Er fühlt sich eingeschlossen, die Tür läßt sich nicht öffnen; er hämmert gegen die Scheibe, zieht die Notbremse, doch der Zug rast weiter... Die nächste Szene: Mustervorführung im Studio. Was wir eben sahen war offenbar die Schlußsequenz des neuen Films von Sandy Bates. Der Produzent ist entsetzt: «Ich hab das alles schon mal gesehn. Jemand versucht, seine privaten Wehwehchen darzustellen und gibt das auch noch als Kunst aus.»[205]

In den Kritiken zu seinen letzten Filmen konnte Fellini ähnliches lesen. Der Meister biete nur noch einen schwachen Aufguß einstmals faszinierender Bilderfindungen; er beute sein eigenes Werk aus und übrig bleibe «ein eitler Katalog cineastischen Narzißmus»[206]. «Fellini dokumentiert in allen seinen Filmen sich selbst. Er tut es immer direkter seit *8 ½*. Eigentlich hat er nichts mehr zu sagen. Aber er sagt es großartig.»[207] Andere Kritiker langweilten sich nur noch; in ihren Augen war der Regisseur ein lebendes Fossil. «Jeder neue Film eine Ergänzung zur sattsam bekannten Fellini-Anthologie, Nachträge zu einem längst kompletten Vermächtnis.»[208] Die Journalisten gingen nicht gerade zimperlich mit Fellini um, und ihre vernichtenden Urteile waren persönlich verletzend formuliert. In einem unbedachten Moment war ihm der Satz herausgerutscht: *30*

Jahre Film und man ist senil; prompt erkundigten sich die Interviewer wenig taktvoll, ob er ein Nachlassen schöpferischer Imaginationskraft verspüre.

Arbeit kann *ein Schutzschirm, ein Asbestpanzer* sein.[209] Fellini schien sich in Cinecittà einzumauern, die Welt außerhalb der Filmstadt nicht mehr wahrnehmen zu wollen. Früher einmal hatte er postuliert: *Für einen Künstler ist die direkte Ernährung durch das Leben das wichtigste*[210], doch nun rekonstruierte er im hermetisch abgeriegelten Studio nur noch Erinnerungen und Traum-Szenarien. Die Resonanz auf *Die Stadt der Frauen* zeigte, daß er sich vom Zeitgeist entfernt hatte. Italien befand sich in einer Dauerkrise: instabile Regierungen, neue soziale Bewegungen und Terroranschläge, Korruptionsaffären, Mafia-Prozesse und politische Skandale, mit all diesen Dingen wollte und will er nichts zu tun haben. An den aktuellen Auseinandersetzungen hat er keinen Anteil mehr. Er fürchtet, in *diese kleinkarierte Welt der Debatten und Versammlungen* hineingezogen zu werden und polemisiert gegen *eine Art von Kultur, die sich als kollektiver Gewissensbiß, Pflichtbewußtsein, durchlebtes Engagement, soziale Versöhnung versteht*[211]. Mit einer hausgemachten Philosophie rechtfertigt er seine politische Abstinenz: Ein Künstler bewege sich in einer *Sphäre, die Veränderungen, heftigen Umwälzungen weniger ausgesetzt ist, weil sie eher dem Geistigen, der Erkenntnis, mehr der Darstellung des Innern als der des Äußerlichen zuzurechnen ist*[212]. Einst hatte er die Revolte prinzipiell begrüßt, denn sie sei künstlerisch fruchtbar; im Alter meint er, der Künstler sei *von Natur aus konservativ und bedarf der Ordnung um sich herum*[213]. Politisches Engagement ist in seinen Augen nur ein Vorwand, vielleicht ein Anlaß, auf jeden Fall jedoch für das Ergebnis völlig unwichtig: *Picasso ist zwar durch seine hypothetische Verachtung des Kriegs dazu veranlaßt worden, «Guernica» zu machen, doch was letztlich, nachdem «Guernica» einmal fertig war, daran interessant ist, sind nicht mehr Picassos Motivationen, sondern die Töne, die Farben, die Zeichnung.*[214] Hat sich der ehemalige Neorealist zum Reaktionär gewandelt? Rückzug auf die Position l'art pour l'art?

«Den politischsten Film Italiens hat Fellini gedreht», versichert Lina Wertmüller. «Der politischste Film Italiens ist *Orchesterprobe*. In einer einzigen Stunde erzielte er eine größere politische Wirkung als zehn Jahre politischen Films in Italien zusammengenommen.»[215] Das *kleine Filmchen* – eine Fernsehproduktion, ohne großes Budget und ausnahmslos mit Laiendarstellern realisiert – entstand während einer Unterbrechung der Dreharbeiten zu *Die Stadt der Frauen*. Die Fabel ist einfach und in wenigen Sätzen zu erzählen: Die Musiker treffen ein, und schnell wird deutlich: Jeder ist in sein Instrument verliebt. Als letzter kommt der Dirigent, offenbar nicht gut disponiert. Orchesterwart und Gewerkschaftsvertreter machen ihm das Leben schwer; mitten im Stück erzwingen sie eine Pause. Beleidigt zieht sich der Dirigent zurück. Rebellion im Orche-

Fellini in Dirigentenpose: Dreharbeiten zu «Orchesterprobe»

stergraben: Die Musiker proben den Aufstand. Parolen werden an die Wand geschmiert *(«Bäh, Bäh, Beethoven»*, *«Es lebe der Plattenspieler»)*; ein Metronom soll den Dirigenten ersetzen. Bald wird auch das abgelehnt, Autonomie eingefordert: *«Die Musik, ihren Takt und ihren Rhythmus bestimmen wir!»* Während die Anarchie tobt, ertönt ein dumpfes

Grollen, die Wände erzittern, und eine große Metallkugel – ähnlich einer Abrißbirne, mit der man Gebäude zum Einsturz bringt – bricht durch, schwingt in den Raum. Es hagelt Mörtel und Stuck; *sobald der Staub sich gelegt hat, sieht man sie unbeweglich dahängen, ein düsteres, unwirkliches, metaphysisches Pendel, mit den Trümmern im Hintergrund*[216]. Der vertriebene Dirigent kehrt zurück,tritt wieder ans Pult – «*Die Musik rettet uns. Klammert euch an die Noten*» –, und jetzt ist man bereit ihm zu folgen. Erstmals erklingt ein harmonisches Zusammenspiel. Die Leinwand wird dunkel, doch der Film ist noch nicht aus. Bevor das Licht im Kinosaal angeht, hört man den Dirigenten in deutscher Sprache brüllen: «*Seid ihr Musiker oder nicht? Ich will einen Ton wie Feuer!! Signori, da capo!!!*»

Die Parabel ist vielschichtig und vieldeutig. Sie handelt vom Spannungsverhältnis zwischen Chaos und Ordnung, Kreativität und Bürokratie, Kollektiv und Autorität, individueller Kunst und schöpferischer Gemeinschaft. Konservativer Kulturpessimismus gibt die Folie ab: Die traditionellen Werte – der Konzertsaal ist eine Kirche – sind vom Abriß bedroht. In dem über uns hereinbrechenden Unheil erweist sich einzig die Kunst als Rettung. Und die satirischen Ausfälle kann man auf persönliche Erfahrungen zurückführen: *Ich bin ein Mensch*, so sieht Fellini sich selbst, *der von Berufs wegen in das undifferenzierte Kollektiv, das er vor sich hat, Ordnung bringen muß.*[217] Seine künstlerischen Vorstellungen, seine großartigen und manchmal auch bloß gigantomanischen Ideen mußte er gegen bürokratische Hindernisse, gewerkschaftliche Einsprüche oder schlicht Trägheit durchsetzen – er ist ein Dirigent, der den Musikern das Äußerste abverlangt. Doch diese Interpretation, die auf eine durchsichtige Polemik gegen Demokratisierungstendenzen in der Kunst hinausläuft, wird durch die überraschende Volte am Schluß (im Treatment ist sie nicht enthalten) zumindest in Frage gestellt. Der Maestro mit dem Taktstock nutzt die Situation kollektiver Verwirrung, um sich als brutaler Diktator zu etablieren. Das Chaos gebiert den Faschismus: Der Dirigent herrscht die Orchestermitglieder in der Sprache von Goebbels und Hitler an.

Die politische Brisanz der Parabel zeigte sich bereits bei der Vorpremiere im Quirinal, dem Regierungspalast. Der Präsident der Republik Pertini, Ministerpräsident Andreotti, Parlamentspräsident Ingrao, sie alle lobten den Film, deuteten ihn jedoch auf ihre Weise. Der eine sprach von Selbstbesinnung nach der Katastrophe, der andere hob die Restauration als Wiederherstellung der Herrschaftsverhältnisse hervor, der dritte verwies auf die Warnung vor der Sehnsucht nach einem starken Mann. Die Kontroverse ging quer durch alle politischen Lager. Fellini weigerte sich strikt, den Film als Metapher für italienische Zustände auszudeuten: Jeder Zuschauer solle sich selbst Gedanken machen, *von welcher verheerenden Katastrophe wir bedroht und welche Mauern in uns am Einstürzen sind*[218].

Szene aus «Orchesterprobe»

Orchesterprobe ist der politische Film eines Unpolitischen. Seine Zeit-
diagnose ist allgemein gehalten: Angesichts der Krise beobachtet er im
Land eine beängstigende Resignation und eine nahezu unbegrenzte Fähigkeit, die existentiellen Probleme zu verdrängen. Dagegen richtet sich der
Film. Er ist kein Lehrstück im Brechtschen Sinne: Fellini will nicht Einsichten vermitteln und er erteilt keine Ratschläge; er weiß weder einen Ausweg
noch kann er die Situation in politischen Kategorien analysieren. Statt
dessen bringt er seine Beunruhigung in einer Parabel zum Ausdruck.
Ich bin Regisseur, nicht Politiker, Soziologe oder Psychoanalytiker.[219]
Künstlerische Produktion definiert er als die Traumarbeit der Mensch-
heit: Die Inhalte des kollektiven Unbewußten werden im Kunstwerk zu
einem *öffentlichen Traum*[220]. Ihn zu deuten ist nicht die Aufgabe des
Künstlers. Er würde nur das Werk verkleinern, verraten und verfälschen,
weil er ihm im Nachherein eine rationalistische Legitimation gibt. *Der
einzig wahre Realist ist der Visionär.*[221]
Ein junger Mensch träumt von anderen Dingen als ein alter Mann. Die
Utopie, die Mobilisierung der Phantasie mit Blickrichtung Zukunft, wird
abgelöst von melancholischen Untergangsvisionen. *Die Stadt der Frauen*
leitet das Alterswerk ein. *Orchesterprobe* schildert eine apokalyptische
Vision – die Abrißbirne wird im Treatment *Endkugel* genannt –, doch
noch im Stadium der Auflösung wird weiter musiziert. Das Christentum

bietet Fellini längst keine Orientierung mehr; die Welt erscheint ihm als verwirrendes Labyrinth, dessen Plan irgendwann verlorengegangen ist. *Vielleicht liegt der Sinn darin, sich dennoch hineinzuwagen und die Angst in Nahrung für sich und die anderen zu verwandeln.*[222] Solche düsteren Sentenzen läßt Fellini nicht im Raum stehen, er ironisiert sie sofort: Für ihn als Cineasten sei die herannahende Katastrophe natürlich verlockend. (Schon der Dirigent in der Orchesterprobe nimmt seine Interviewäußerungen gleich zurück, denn er weiß: «*Heute wird nichts entschuldigt, immer mußt du Optimist sein.*») Schaffensfreude und kreativer Schwung scheinen ihm phasenweise abhanden zu kommen. Auch wenn er in Interviews gern mit dem Alter und seiner Konfusion kokettiert, bittere Untertöne sind herauszuhören. *Überschwengliche Depression*, so umschrieb er in einem Fragebogen seine gegenwärtige Stimmungslage.[223]

Der Titel *E la nave va* – wörtlich übersetzt: «Und das Schiff zieht dahin» – meint *Resignation und Hoffnung, Unabwendbarkeit, Fatalität und die vage Verheißung, irgendeinen Hafen zu erreichen*[224]. Der Film ist ein heiterer Abgesang, mit souveräner Gelassenheit inszeniert und in mancherlei Hinsicht ein Gegenstück zu *Ochesterprobe*. Der Handlungsrahmen: Eine illustre Gesellschaft begibt sich im Sommer 1914 an Bord des Luxusdampfers «Gloria», um die Asche einer verstorbenen Operndiva dem Meer zu übergeben. Die Trauergemeinde – Hoheiten, Bankiers, Dirigenten, Sänger und Sängerinnen – ist eine Ansammlung skurriler Gestalten, ebenso senile wie liebenswürdige Popanze, Narren auf einem Totenschiff, die ihren eigenen Untergang zelebrieren. (Besonders eindrucksvoll als österreich-ungarische Prinzessin Pina Bausch *mit ihren aristokratischen, zarten und grausamen, mysteriösen und doch vertrauten Zügen, eingeschlossen in rätselhafte Reglosigkeit*[225].) Jedes Gefühl wird hier zur großen Geste, jede Alltagssituation gerät ihnen zur Opernszene. Aus der Konfrontation dieser hochartifiziellen Scheinwelt, in der alles Form und Pathos ist, mit der Wirklichkeit gewinnt der Film seine besten Szenen, etwa einen Sänger-Wettstreit vor den schwitzenden Heizern im Maschinenraum oder ein seltsames Concerto auf Gläsern, veranstaltet von den beiden greisen Dirigenten in der Schiffsküche. Und an den serbischen Flüchtlingen, über Nacht aus dem Meer gefischt, haben die Musiker schon deshalb ihre Freude, weil so auch Folklore-Klänge aufs Deck kommen. Übrigens befindet sich im Schiffsbauch noch ein weiterer Passagier, ein liebeskrankes Nashorn, für einen Zoologischen Garten bestimmt; der Gestank, den es verbreitet, führt zu einigen haltlosen Beschuldigungen.

Während man Erinnerungen an die unsterbliche Diva austauscht, ist in Sarajewo ein folgenreicher politischer Mord geschehen, und am Ende wird die «Gloria» von einem Panzerkreuzer der k. u. k. Kriegsmarine zusammengeschossen und geht unter. Unter allgemeinem Gesang, wie es sich in der Oper gehört (die Musik spielt ein Potpourri aus Verdi- und

Rossini-Themen), werden die Rettungsboote zu Wasser gelassen. Schon sind die Kabinen überflutet, das Klavier im Salon rutscht über den schrägen Boden, Explosion im Maschinenraum – da schwenkt die Kamera in einer großen Kranfahrt zurück und gibt den Blick frei auf die Kulissenwelt von Cinecittà. Die Illusion wird zerstört: Das wogende Meer ist eine Plastikplane, von einer hydraulischen Maschine bewegt. Noch einmal verengt sich der Bildausschnitt, und wir sehen den Journalisten Orlando in einem Ruderboot, neben sich das Rhinozeros. Augenzwinkernd erklärt er uns, daß die meisten Passagiere gerettet wurden und – er kichert vergnügt – daß Nashörner ganz vorzügliche Milch geben.

Was denn dieses Symbol zu bedeuten habe, wollte man gleich nach der Premiere von Fellini wissen. *Auf diesem Dampfschiff ist mir eben ein Nashorn erschienen, und es paßt da ganz ausgezeichnet hin*, antwortet er unwirsch und fügt hinzu: *Ich sage mit Picasso: Ich suche nicht, ich finde.*[226] (Man mag angesichts dieser Attitüde an Giacomettis spöttische Bemerkung: «Picasso war einmal ein großer Maler. Jetzt ist er nur noch ein Genie» denken oder an eine Einsicht des Dirigenten in der *Orchesterprobe*: *Die Genialität ist immer ganz nahe bei der Laune, der Schrulle*.) Doch die Deutung ist nicht schwer: Das urtümliche Tier, vom Aussterben bedroht, steht für das Kino, dem es nicht anders geht.

Auch ein Film über die Medien, hat Fellini *E la nave va* genannt.[227] Die ersten Filmbilder sind eine perfekte Imitation von Werken aus der Früh-

«E la nave va»

zeit der Kinematographie. In grobkörnigem Schwarzweiß, überbelichtet und in falschem Tempo (die typischen ruckartigen Bewegungen) sehen wir die letzten Vorbereitungen am Hafen. Die Ouvertüre des Opernfilms ist stumm – nur das Surren der Kamera ist zu hören. Langsam setzt Klaviermusik ein; allmählich werden die Bilder sepiafarbig wie alte Fotografien. Die Passagiere sind an Bord, das Schiff kann in See stechen – nun wird der Film farbig und bekommt Ton. Doch immer bleibt es die ruhige Fahrt eines Ozeanriesens, wie es sie heute nicht mehr gibt: Kaum eine schnelle Kamerafahrt, nur einmal ein Zoom, kaum Nahaufnahmen, fast immer Halbtotalen. Bildsprache, Erzählrhythmus und Montage widersprechen den hektischen Schnittfolgen und der Spannungsdramaturgie, die im gegenwärtigen Kino üblich sind. Es könnte ein alter Film sein, bei dem die Farben schon etwas verblaßt sind. (Fellini spricht von einem «entfärbten» Film: *Die Rot-, Blau- und Grüntöne verlieren die Aggressivität der Realität, um die Sanftheit des Vergangenen, von gewissen Erinnerungen anzunehmen.*[228])

E la nave va ist ein elegischer *Abschied vom Kino.* Wie immer, wenn Wehmut im Spiel ist, bleibt es nicht bei einer Abschiedsszene. Während das Schiff versinkt, sperrt sich ein Graf in seiner Kabine ein und betrachtet einen Schmalfilm mit Bildern der verehrten Diva. An Deck dreht der Stummfilm-Kameramann wie in der Anfangsszene seine Kurbel, ein unerschütterlicher Chronist, der nun den Untergang dokumentiert. Dann der Blick auf die Kulissen von Cinecittà: Film ist ein mit handwerklichem Können und technischen Tricks hergestelltes Phantasie-Produkt. Und das letzte Bild: Es ist zwar nur noch ein Ruderboot und kein Luxusdampfer mehr, aber das Schiff zieht weiter. Um Orlando, den neugierigen, geschwätzigen und nicht gerade wahrheitsliebenden Journalisten, brauchen wir uns keine Sorgen zu machen: Das Nashorn, das alte Urvieh Kino, gibt weiterhin Milch.

Er hätte gern in der Pionierzeit des Kinos Filme gemacht, hat Fellini einmal geäußert. *Als ich anfing, war das Kino bereits ein Stück Archäologie, es gab schon eine Geschichte des Films, es gab Schulen*, bedauerte er.[229] Nachdem er seinen eigenen Weg gefunden hatte, schaute er nicht mehr nach links oder rechts. Das Werk der Kollegen und Zeitgenossen nimmt er kaum zur Kenntnis: *Ich gehe nicht ins Kino*, erzählt er seit Jahren in fast jedem Interview. Und selbstherrlich weigert er sich, die ökonomische Dimension seiner Kunst zu bedenken: Etatüberlegungen seien *masochistische, nutzlose Operationen. Nicht einmal die Bilanzen von Staaten oder Gesellschaften stimmen, geschweige denn die eines Regisseurs.*[230] Doch auch Fellini kann die Realität nicht einfach ignorieren, denn die Filmbranche kämpft ums Überleben.

Zusammen mit einem Produzenten machte er eines Abends einen Streifzug durch die Kinos in der Innenstadt Roms und am Stadtrand. *Als wir in den Saal hinabschauten, sahen wir Hunderte und aber Hunderte von*

Filmplakat

leeren Sitzplätzen, wie leere Augenhöhlen, verlassen wie die Kielräume eingemotteter Passagierschiffe. Nur in vier oder fünf Kinos überstieg die Zuschauerzahl in nennenswertem Umfang die Anzahl des Personals.[231] Kinosterben in Italien: Der Rückgang der Zuschauerzahlen und der Spielstätten hat sich in den letzten Jahren dramatisch beschleunigt. 1955 gab es über 11 000 Filmtheater, heute sind es weniger als die Hälfte. 400 Kinos pro Jahr werden geschlossen. Dazu kommt, daß der Markt sich auch strukturell radikal gewandelt hat. Erst spät vollzog sich in Italien, was in anderen europäischen Ländern schon lange Wirklichkeit ist: die Dominanz des amerikanischen Films über die einheimische Produktion. Noch 1979 kamen in Italien sechs der zehn meistgefragten Filme aus dem eigenen Land; 1985 konnten die US Major Companies einen Marktanteil von über 80 Prozent für sich verbuchen. Die Folgen für die nationale Filmindustrie: Heute werden in Italien nur noch halb so viele Filme produziert wie in den sechziger Jahren. Der Niedergang kam nicht überraschend, obwohl die Konjunktur der Italo-Western noch eine Zeitlang über die Misere hinwegtäuschte. In der Krise setzte die Branche nicht auf Kunst, sondern auf Kommerz: Billige Serienware, Hauptrolle Adriano Celentano oder Bud Spencer, Soft-Pornos und Klamotten sollten den Verlust ausgleichen. Doch die Spekulation ging an der Kinokasse immer seltener auf.

Cinecittà war längst nicht mehr ausgelastet. Die großen Atelierhallen standen meist leer; in den Werkstätten und Requisitenkammern war Kurzarbeit angesagt. Ein Teil des Areals mußte 1981 verkauft werden, um aufgelaufene Schulden abzuzahlen. Prominente Regisseure wie Bruno Bertolucci oder Lina Wertmüller gingen nach Hollywood, eine Möglichkeit, die Fellini für sich ausschloß. Er blieb seiner Heimat Cinecittà treu und zahlte dafür seinen Preis: Vier Jahre war er zur Untätigkeit verdammt, bis er *E la nave va* realisieren konnte. Die lange Wartezeit ist in den Film eingegangen, gab ihm seinen melancholischen Unterton. *Da das Kino wohl zu einem rituellen, überholten Zeitvertreib geworden ist, weiß man nicht, ob und wann man wieder arbeiten wird*, meinte der Regisseur düster nach Abschluß der Dreharbeiten.[232] Übrigens erntete der Film zwar viel Kritiker-Lob, spielte aber die Herstellungskosten nicht wieder ein. «E la nave affonda», schrieben ungerührt die Zeitungen, «das Schiff ging unter».

Wenn vom Kinosterben gesprochen wird, muß vom Fernsehen die Rede sein. Auch in Italien hat das Fernsehen als Coproduzent so manchen Kinofilm (z. B. *E la nave va*) erst ermöglicht; mit der finanziellen Beteiligung erwirbt man die Ausstrahlungsrechte. Für Fellini ist das Fernsehen *lediglich ein Mittel der Distribution, das gewiß auch Filme übertragen kann, aber nur, indem es sie schrumpfen läßt, erniedrigt, entstellt, auf Postkartengröße reduziert*[233]. Gerade im Fall Fellini ist diese Haltung verständlich: Seine visionären Bilder – man denke an die Tableaux von *8 ½*, *Amarcord* oder *Casanova* – brauchen die große Leinwand, um ihre suggestive Wirkung zu entfalten. Seine Aversion gegen *diesen milchigen und blinden kleinen Bildschirm* formulierte er bereits 1970. Damals drehte er für die RAI *Die Clowns* und wollte deutlich machen, er sei keinesfalls gewillt, sich dem Medium anzupassen. *Für mich ist das Fernsehen nur eine Art, Kino zu machen, so wie Picasso, wenn er aufhört Bilder zu malen, Keramik herstellt.*[234] Alle seine Fernseharbeiten sind Fingerübungen, zwischen zwei großen Filmprojekten entstanden.

Die Zeiten, als man leicht abschätzig über die Flimmerkiste sich mokierte, sind vorbei. Mit einem Urteil des Verfassungsgerichts 1976 wurde eine Entwicklung sanktioniert, die zum italienischen Mediendschungel geführt hat: Seitdem gibt es neben den drei Programmen der staatlichen

RAI eine kaum übersehbare und ständig schwankende Zahl von privaten Fernsehsendern (die Schätzungen liegen zwischen 200 und 400). Bis zu 2000 Spielfilme kommen am Tag zur Ausstrahlung, durch Werbeeinblendungen – Fellini ist vergeblich dagegen vor Gericht gezogen – verstümmelt und zerstückelt. Der Rest sind Quizsendungen, Shows, Zeichentrickfilme und immer wieder Werbung. Die Konkurrenzsituation hat das Angebot enorm vergrößert, aber durchaus nicht verbessert – Fellini kommentiert: *ein Rennen zwischen den Abgefahrenen und den Dummen.*[235] In der Kneipe und beim Mittagessen, durchschnittlich mehr als fünf Stunden am Tag, so die Statistik, sind die TV-Geräte eingeschaltet: Die Italiener sind fernsehsüchtig. Heute polemisiert Fellini heftig gegen die Mattscheibe; seine Haltung ist von entschiedener Ablehnung bestimmt. *Fürs Fernsehen arbeiten? Das heißt, sich in diesen Ozean unterschiedsloser, sich überstürzender Bilder zu werfen, in diesen brodelnden Brei, der sich selbst negiert.*[236]

Der Zorn resultiert aus der Trauer: über den Verlust der Aura, die den Film im Kino umgab. Der Kinobesuch war ein Ritual und konnte zum Erlebnis werden; der Fernsehzuschauer drückt, wird er nicht sofort vom Film gefesselt, auf den Knopf der Fernbedienung. Um ihn an ihr Programm zu binden, bombardieren ihn die TV-Macher mit einem *endlosen Schwall von zerkleinerten, zerstückelten und ausgespienen Bildern. Man gewöhnt ihn an eine abgehackte, stockende Sprache, an Unterbrechungen der Geistestätigkeit, an ein so häufiges Aussetzen der Aufmerksamkeit, daß aus dem Zuschauer schließlich ein Kretin wird, der unfähig ist, sich zu konzentrieren, nachzudenken, geistige Zusammenhänge herzustellen, Voraussagen zu machen. Unfähig auch zu jenem Sinn für Musikalität, für Harmonie und Eurythmie, der mit etwas Erzähltem stets verbunden ist.*[237]

Stoppen wir die Philippika. Beschwört hier ein Regisseur den Untergang des Abendlands, weil seine Kunst von der Medienentwicklung überrollt wurde? Ist es nicht seltsam, wenn er über Analphabetentum klagt, wo er doch als Kind dasselbe zu hören bekam, wurde er bei der Comic-Lektüre erwischt? Fellini weiß, daß seine Endzeitstimmung auch etwas mit dem fortgeschrittenen Alter zu tun hat. Er spricht sich selbst Mut zu: *Man darf die Tatsache, daß das Publikum das Kino nicht mehr liebt und nach kaleidoskopischen, sensationellen, sinnlosen Spektakeln verlangt, nicht zu tragisch nehmen.*[238] Letztlich ist dies eine Rückkehr zu den Anfängen des Kinos, als es noch nicht Kunst, sondern ein *Jahrmarktsphänomen* war, grell und bunt. Diese Ursprünge hat Fellini in seinen Filmen immer bewahrt. Er ist ein Geschichtenerzähler, der Schauwerte ausstellt. Die klerikale Modenschau in *Roma*, eine Art Videoclip. Oder anders herum: Television, ein elektronischer Zirkus. Der Umkehreffekt ist eine erkenntnisträchtige Methode. Reduziert das Fernsehen Spielfilme aufs Postkartenformat, so vergrößert Fellini das Fernsehen und bringt es auf die Kinoleinwand. Seine Rache an den Neuen Medien heißt *Ginger und Fred.*

Fellini, 1986

Vor dreißig Jahren haben sie sich zuletzt gesehen: Amelia Bonetti und Pippo Botticella, die damals durchs Land tingelten und auf Varietébühnen Ginger Rogers und Fred Astaire imitierten. Ein TV-Sender hat das Wiedersehen arrangiert: In einer Weihnachtsshow sollen sie live ihre alte

Parodie auf Fernsehwerbung, aus «Ginger und Fred»

Steptanz-Nummer noch einmal vorführen. Gleich bei der Einquartierung im Hotel wird klar: Man hat sie als Kuriosität eingeladen, als Relikte der Vergangenheit. Was sie in die Show einbringen ist der schon an Auszehrung leidende Kino-Mythos, ein bißchen angestaubter Glamour für ältere Herrschaften. Die anderen Teilnehmer: ausnahmslos schräge Vögel, verrückte Zeitgenossen und sonderliche Käuze, Liliputaner, Transvestiten und Freaks – ein *Satyricon* des Medienzeitalters. Die Szenerie erinnert an andere Fellini-Filme, nur daß es diesmal ein *Fernsehstudio* ist, *das wie ein verzaubertes, labyrinthisches Schloß wirkt. Meine Hauptfiguren werden in eine extrem groteske Welt hineinkatapultiert, eben in die Welt des kommerziellen Fernsehens.*[239] Ein unbeschreibliches Tohuwabohu herrscht; Monitore, Bildschirme und Walkie-Talkies, die Fetische der Kommunikationstechnik sind allgegenwärtig. Überall laufen Doppelgänger herum, Doubles von Franz Kafka, Marlene Dietrich, Ronald Reagan, Kojak und Marcel Proust: Menschen, deren ganze Identität darin besteht, jemand anderem zu ähneln. Sie werden erbarmungslos vor die Kamera gezerrt; das Fernsehen treibt mit ihnen ein grausames Spiel, ebenso geschmacklos wie obszön. Die Blamage – natürlich geschieht ein Mißgeschick, Pippo rutscht während der Sendung aus und setzt sich auf den Hosenboden – ist einkalkuliert: Zynisch gibt das TV-Spektakel die Möchtegern-Stars dem Voyeurismus und dem Gespött preis. Fellinis böse Satire, seine Tele-Vision, ist ein Versuch, das Fernsehen mit seinen eigenen Waffen zu schlagen. Der Film wird, wie bei einer Fernsehausstrahlung, ständig von Reklame unterbrochen: Mit grimmigem Humor persifliert Fellini die üblichen Werbe-Spots, deren Absurdität noch übertrumpfend.

Bei aller Virtuosität der Inszenierung, *Ginger und Fred* wäre eine flache Satire, gäbe es im Film nicht zugleich *eine kleine, zarte, unerfüllte Liebesgeschichte*[240]. Sie bildet die humane Gegenwelt zur sarkastisch überzeichneten Scheinwirklichkeit der Medien.

Amelia und Pippo waren früher einmal ein Paar; dann hat man sich auseinandergelebt und ist verschiedene Wege gegangen. Sie ist keine Traumtänzerin mehr, sondern steht mit beiden Beinen auf dem Boden der Realität: kleine Unternehmerin in der Provinz, Hausfrau und Mutter. Mit kleinbürgerlicher Eleganz kleidet sie sich, ganz ältere Dame mit kariertem Mantel und keckem Jägerhütchen. Ein bißchen bieder, doch manchmal blitzt der Schalk in ihren Augen. Er ist heruntergekommen, säuft und schnorrt sich durchs Leben. Als angegrauter Charmeur gibt er sich, doch er wirkt schäbig und abgewrackt und sein Esprit beschränkt sich auf gereimte Zoten. Auf ihre Art wehren sich beide tapfer gegen die Vereinnahmung durch die Medien. Als kurzzeitig der Strom ausfällt, da sind sie sich plötzlich einen Moment lang so nah und vertraut wie einst. Insgeheim haben beide das Wiedersehen herbeigesehnt, doch erst der technische Defekt ermöglicht ihnen, menschliche Gefühle zu zeigen. Dann geht das Licht wieder an, sie haben ihren Auftritt und dürfen gehen. Pippo: «*Wir sind Gespenster, die aus dem Dunkel auftauchen und wieder im Dunkel verschwinden.*»[241] Anfang und Ende des Films spielen auf dem Bahnhof: Amelia und Pippo trennen sich, jeder kehrt in seine Welt zurück.

Ginger und Fred ist eine Hommage an die amerikanischen Tanzstars – seltsamerweise strengte Ginger Rogers einen Prozeß wegen Rufschädigung an – und an die Glanzzeiten des Kinos, zugleich ein subtiles Spiel über *die plötzliche Erkenntnis, daß man alt geworden ist*[242]. Schließlich bildet das Duo Amelia und Pippo ein Doppelgänger-Gespann besonderer Art. Pippo wurde gespielt von Marcello Mastroianni, der in vielen Filmen Fellinis alter ego war und auch hier als ironisches Selbstporträt des Regisseurs fungiert – *wie eine Grimasse oder eine Karikatur meiner selbst. So betrachte ich mich im Spiegel.*[243] Darstellerin der Amelia war Giulietta Masina. Erstmals führte er seine beiden Protagonisten zusammen: Noch nie hatten sie gemeinsam in einem Fellini-Film gespielt. Andererseits war es für sie, ähnlich wie in der Geschichte von *Ginger und Fred*, eine Wiederbegegnung nach vielen, vielen Jahren: 1949, als sie beide als junge Schauspieler im Studententheater erste Lorbeeren sammelten, standen sie zusammen auf der Bühne. Das Spiegelkabinett ließe sich erweitern – man denke an *Giulietta Masinas* Rolle in Fellinis erstem Film *Lichter des Varieté* –, doch diese Bezüge muß man nicht kennen: Die Reminiszenzen sind in das Spiel der Darsteller eingegangen.

«Furchtbar nervös» sei Federico vor den Dreharbeiten gewesen, berichtet Giulietta Masina.[244] Ihr wird es nicht anders gegangen sein: *Julia und die Geister* lag zwanzig Jahre zurück, seitdem hatte sie nicht mehr unter der Regie ihres Mannes gespielt. Fellini scheint kein Privatleben zu haben; seine ganze Existenz ist ausgerichtet auf die Arbeit im Studio. Die Lasten des Alltags trägt Giulietta Masina, treusorgende Gattin und Frau

Ginger (Giulietta Masina) und Fred (Marcello Mastroianni)

im Hintergrund und gelegentliche Besucherin auf dem Set. Liv Ullmann, mit Ingmar Bergman bei den Fellinis zum Abendessen eingeladen, in ihren Memoiren: «Sie bewegte sich nur auf Zehenspitzen – um auch ja niemandem aufzufallen.»[245] Doch der Eindruck ist falsch: Giulietta Masina ist eine emanzipierte Frau und kein Hausmütterchen. «Wir haben uns gegenseitig erzogen», sagt sie über ihre Ehe. Sie kritisiert ihren Mann, wenn sie es für nötig hält: *Die Stadt der Frauen* gefiel ihr nicht sonderlich, und überhaupt: «Es ist wirklich nicht gerade so, daß man sich als Frau in Federicos Filmen bestätigt sehen könnte – so wie er die Frauen zurichtet!»[246] *La Strada* und *Die Nächte der Cabiria* brachten ihr Weltruhm, blockierten zugleich aber ihre Karriere. Sie wirkte in einigen Fernsehserien mit, hatte in Kinofilmen Hauptrollen (u. a. «Hölle in der Stadt» von Renato Castellani, «Das kunstseidene Mädchen» von Victor Vicasse), doch für alle Welt blieb sie die Gelsomina. Natürlich hat man sie immer wieder gefragt: Warum denn Fellini ihr keine Rolle gebe? «Vielleicht arbeitet er nicht gern mit seiner Frau zusammen», so ihre Antwort. «Vielleicht hat er Angst.»[247] Und dann, als sie sich schon damit abgefunden hatte, kam die Amelia in *Ginger und Fred*. Die Rolle ist ihr auf den Leib geschrieben, sie vereint beide Seiten ihres Charakters, *die eine eher schrullig, geheimnisvoll, komisch, und die andere steifer, schablonenhafter, bürgerlicher*[248]. Ihr gemeinsames Spiel mit Mastroianni hat etwas Anrührendes. Fellinis bekannte Menagerie wird in *Ginger und Fred* nicht nur von Marionetten bevölkert – das ist auch ihr Verdienst.

Nach diesem Film, der Altersweisheit mit aktueller Zeitkritik verbindet, gönnte sich der Regisseur *eine narzißtische Schnurre, locker und selbstgefällig*[249]. *Intervista* ist ein Film über einen Film über einen Film: Ein japanisches Team interviewt Fellini (oder versucht es zumindest), er inszeniert Jugenderinnerungen (seine erste Begegnung mit Cinecittà als junger Journalist) und macht Probeaufnahmen zu einem anderen Film (Kafkas «Amerika»), besucht mit Mastroianni Anita Ekberg (gemeinsam schaut man gerührt die berühmte Sequenz aus *La Dolce Vita* an) usw. *Intervista* ist ein Feuerwerk von Déjà-vus, autobiographischen Mystifikationen und erfundenen Anekdoten, außerdem ein Geburtstagspräsent zum fünfzigjährigen Bestehen seiner Heimatstadt, die er einmal mehr voller Begeisterung vorführt: *Cinecittà hat einen unverwechselbaren Zauber, der darin liegt, daß diese Stadt absolut funktional eingerichtet und doch zugleich völlig heruntergekommen ist, weil sie sich beständig aufzulösen scheint, sich wandelt, sich zerstört.*[250] Übrigens ist aus Cinecittà in den letzten Jahren ein moderner Dienstleistungsbetrieb geworden und jetzt sind die Ateliers wieder voll ausgelastet: vor allem Fernsehen und Werbung wird produziert. Fellini höchstpersönlich inszenierte Werbespots für Teigwaren und Apéritifs, die Banca di Roma und die Republikanische Partei, *ein Experiment, von dem ein Cineast nichts als Nutzen ziehen kann*[251].

Fellini spielt Fellini: Szene aus «Intervista»

Für seinen letzten Film verließ Fellini Cinecittà: *Die Stimme des Mondes* wurde auf dem Studiogelände an der Via Pontina, 20 Kilometer vor Rom, gedreht, weil die Geschichte in Dörfern, Gehöften, auf Landstraßen spielt: *Ich brauche also viel Platz und vor allem freien Himmel und Horizonte, um fast die ganze Poebene darstellen zu können.*[252] Erstmals ließ er sich von einem Werk der Gegenwartsliteratur inspirieren: Ermanno Cavazzonis Roman «Il poema dei lunatici», in seiner Heimat, der Emilia Romagna, angesiedelt, entnahm er Charaktere und Situationen, vor allem aber *ein allgegenwärtiges, gespanntes Vibrieren, eine Art Klang.* Auf neues Terrain wagte er sich auch mit der Besetzung: Zwei populäre Komiker – Roberto Benigni, international bekannt geworden durch Jim Jarmuschs «Down by Law», und Paolo Villaggio – wählte er als Protagonisten. Fellini schwärmte: *Sehen Sie sich Benigni doch an: seine Feinheit und kultivierte Grazie, er ist die Inkarnation des Schauspielers im Sinne der Maskerade, wie Pinocchio vielleicht. Und auch Villaggio: er ist ein Clown, im Zirkus wäre er der, der ständig auf die Nase fällt. Er steht in der Tradition des Komikers, für den die Realität der einzige wahre Feind ist.*

In *Die Stimme des Mondes* spielen sie zwei liebenswürdig-verschrobene Käuze, harmlose Irre in den Augen ihrer Umwelt: Salvini hört auf rätselhafte Botschaften aus dem Brunnen, Gonella, der frühere Präfekt, ist einem Komplott aller gegen alle auf der Spur. Repräsentiert Salvini die lächelnde Weisheit des Narren, so ist Gonella der strategisch denkende Anarchist. Er verfolgt seine Wahnideen mit Konsequenz und Altersradikalität. Zusammen sind beide ein unschlagbares Team, das für einen Moment die Welt aus den Angeln hebt. Oder besser gesagt: den Mond befreit. Mit Kran und Seil haben einige Kanalarbeiter die große Scheibe vom Himmel geholt und in eine Scheune gesperrt. Das Fernsehen, der lokale Privat-Sender, läßt sich die Sensation nicht entgehen, Vertreter der Wissenschaft, der Kirche und der Politik geben live ihre Statements ab – ein Medienspektakel, vergleichbar nur mit der Marienerscheinung in *La dolce vita*. Am Ende des skurrilen Film-Märchens nehmen Don Quixote Villaggio, mit Hut und Regenschirm bewaffnet, und sein zappeliger

Selbstporträt

Sancho Pansa Benigni die gigantische Techno-Discothek im Handstreich, unterbrechen den ohrenbetäubenden Lärm aus den riesigen Lautsprechern und setzen ihre eigene Melodie dagegen: Wenn doch etwas mehr Stille herrschen würde, so Salvinis letzter Satz, vielleicht könnten wir dann die Stimme des Mondes vernehmen.

Der siebzigjährige Fellini, der bekannte Motive und Episoden aus nichtrealisierten Filmen in die rhapsodische Handlung einfügt, spürt dem *Kammerton des Lebens* nach: poetisch und ein bißchen versponnen, ein typisches Alterswerk, doch keineswegs zeitfern und unverbindlich. Was als sanfte Zivilisationskritik beginnt, mündet in eine bissige Attacke. Als der Mond wieder an Ort und Stelle ist, wird er unversehens zur Mattscheibe: Es folgt Werbung. Fellinis Film richtet sich gegen die geistlose Entertainment-Kultur, die Ästhetik der Videoclips und das Bombardement mit Schockeffekten. Der Regisseur verzichtete darauf, sein neues Werk bei den Filmfestspielen in Cannes 1990 persönlich vorzustellen. Bei der Novitäten-Schau auf der Croisette triumphierten andere Filme. «Wild at Heart» von David Lynch wurde mit der Goldenen Palme ausgezeichnet. «Killer-Bilder», «perfekt, pervers, postmodern», «der erste große Film der neunziger Jahre», urteilte ein Filmkritiker. *Die Stimme des*

«Die Stimme des Mondes» mit Paolo Villaggio und Roberto Benigni

Mondes dagegen wirke, als sei der Film «vor langer, langer Zeit gedreht, in einer Welt, die es nicht mehr gibt, und von einem Regisseur, der einer anderen Epoche angehört». Der Kritiker hatte für Fellini nur Mitleid übrig: «So lauscht man halb ergriffen, halb gelangweilt den Bekenntnissen des alten Zauberers, dessen Tricks nicht mehr gefragt sind. Und irgendwann, in einer Zukunft, die sich in *Die Stimme des Mondes* schon ankündigt, gehen dann auf offener Bühne, vor laufender Kamera die Lichter aus.»[253]

Dieses Glück war Fellini nicht beschieden: Nach dem Mißerfolg von *Die Stimme des Mondes* – der Film spielte seine Herstellungskosten von 28 Millionen Mark nicht ein – fand der Regisseur keinen Produzenten mehr für neue Filmprojekte. Deprimiert mußte er sich den Fehlschlag eingestehen. Gerade diesem Film hätte er eine bessere Aufnahme beim Publikum gewünscht, klagte er seiner Biographin Charlotte Chandler. *Man hat ihn behandelt wie eine arme Waise, auch wenn ich, sein Vater, noch immer am Leben bin.*[254] Weltberühmt, aber unbeschäftigt, mit dieser Situation wollte Fellini sich nicht abfinden. Er zog zwei alte Filmentwürfe aus der Schublade, skizzierte Storyboards, als würde er Dreharbeiten vorbereiten, und gab sie dem Zeichner Milo Manara, der sie ausmalte und als Comicalben veröffentlichte. *Die Reise nach Tulum*, 1986 als Erzählung in einer Tageszeitung erschienen, zeigt Fellini auf den Spuren von Carlos Castaneda, auf dem Weg zu den geheimnisvollen Tempeln der Azteken, die dann doch nicht betreten werden. In den Zeichnungen Manaras agiert unverkennbar «Snaporaz» Mastroianni als alter ego Fellinis, während für die Comicversion von *Die Reise des G. Mastorna* man sich für Paolo Villaggio entschied: Fellini ließ den Schauspieler schminken und organisierte eine Fotosession in Cinecittà, um Manara Vorlagen an die Hand zu geben. Er bestimmte Bildausschnitte und Lichteffekte, die Montage der Seiten: Der Regisseur bediente sich des Zeichners, um auf diese Art seine Vision des nicht mehr zu realisierenden Films zu fixieren. Zuletzt arbeitete er wieder an einem Fernsehspecial für die RAI. Ein umfangreiches Exposé mit Szenenentwürfen und Skizzen umkreist das Thema Schauspieler; mitwirken sollten Mastroianni, Villaggio und Giulietta Masina.

Alt zu werden bedeutet, ein anderer zu werden, heißt es melancholisch in diesen Notizen.[255] Für Fellini, der in zahlreichen Interviews damit kokettiert hatte, er sei ein Kind geblieben, war diese Erkenntnis ein Schock. *Ich fürchte Krankheit und körperliche Behinderung, die mir die Arbeit unmöglich machen würden. Ich freue mich nicht auf den Tod, aber ich fürchte ihn nicht so sehr wie das Alter und den körperlichen Verfall. Ich möchte nicht hundert Jahre alt werden.*[256] Am 3. August 1993 erlitt er in Rimini einen Schlaganfall. Kurze Zeit später veranstaltete der Patient am Krankenbett eine Pressekonferenz. Wie man es von ihm nicht anders erwartete, schwärmte er sogleich von einer Krankenschwester: Sie sei so schön, daß er sich bei ihrem Anblick bereits im Himmel wähnte. Ob er denn in der Klinik niemals Angst gehabt hätte, wollte ein Zeitungsmann wissen. Ein einziges Mal, meinte der Regisseur: Sein alter Freund Titta, ein notorischer Blasphemiker und überzeugter Materialist, habe ihm bei seinem Besuch im Krankenhaus eröffnet: «Weißt du, Federico, daß ich bereits für dich gebetet habe?»[257]

Fellini wußte, wie man sich in Szene setzt. Doch er mußte, nach einem erneuten Schlaganfall am 15. Oktober, die Regie abgeben. Skandalreporter und Paparazzi belagerten die Intensivstation im römischen Poliklinikum, die gnadenlose Pressemeute verfolgte die (selbst schwerkranke) Ehefrau. Der Tod – ein Medienspektakel: Das groteske Schauspiel, in dem sich Voyeurismus und echte Anteilnahme vermischten, hätte der Maestro nicht besser inszenieren können. Am 31. Oktober 1993 starb Federico Fellini, von ganz Italien betrauert. Im Studio 5 von Cinecittà wurde die Leiche für das Defilee aufgebahrt, hunderttausend Römer erwiesen ihm die letzte Ehre; den Trauergottesdienst in Santa Maria degli Angeli leitete Kurienkardinal Silvestrini, beerdigt wurde Fellini in seinem Geburtsort Rimini. Giulietta Masina überlebte ihren Mann um wenige Monate, sie starb am 23. März 1994. Fellini hat nie das Wort Ende an den Schluß seiner Filme gesetzt: Er wollte nicht, daß seine Geschöpfe aufhören zu leben, wenn der Film aus ist. «Das Leben geht weiter, das Kino geht weiter», schrieb Wim Wenders nach Fellinis Tod. «Seine Filme bleiben bei uns. Cinema, dein Vorname ist Federico.»[258]

Anmerkungen

Häufig zitierte Werke werden abgekürzt wie folgt:

Fare un film = Federico Fellini: *Fare un film*. Turin 1980
Aufsätze = Federico Fellini: *Aufsätze und Notizen*. Hg. von Anna Keel und Christian Strich. Zürich 1981
Bachmann = Interview mit Gideon Bachmann. In: Ulrich Gregor (Hg.), «Wie sie filmen». Gütersloh 1966
Grazzini = «Warum machen Sie nicht mal eine schöne Liebesgeschichte?» Ein intimes Gespräch mit Giovanni Grazzini. Zürich 1984
Betti = Liliana Betti: «Fellini». Zürich 1980

Für die Übersetzung fremdsprachiger Zitate sowie bibliographische Hilfe dankt der Verfasser Ulrike Theilig und Wilfrid Euler.

1 *Aufsätze*, S. 127
2 Ebd., S. 135
3 Ebd.
4 Bachmann, S. 59
5 *Aufsätze*, S. 134
6 Bachmann, S. 60
7 Ebd., S. 61
8 *Aufsätze*, S. 78
9 Ebd., S. 65
10 Grazzini, S. 97
11 *Aufsätze*, S. 7
12 Ebd., S. 68
13 Ebd., S. 188
14 Grazzini, S. 133
15 Bachmann, S. 57
16 «Erinnerungen, Träume, Gedanken von C. G. Jung». Aufgezeichnet und hg. von Aniela Jaffé. Olten/Freiburg i. B. 1984. S. 10
17 Grazzini, S. 133
18 Zit. n. Gerhard Wehr: «Carl Gustav Jung». Zürich 1988. S. 432
19 *Aufsätze*, S. 191
20 Ebd., S. 146
21 *Orchesterprobe*. Zürich 1979. S. 166
22 *Aufsätze*, S. 63
23 Ebd., S. 92
24 Grazzini, S. 7
25 Vgl. Françoise Pieri: «Federico Fellini, écrivain au ‹Marc› Aurelio›». In: «Positif», 1981, Heft 244/245, S. 20–32
26 *L'enseigne, le bivouac et la chambre froide*. In: Alberto Farassino/Tatti Sanguineti (Hg.), «Lux Film». Locarno 1984. S. 284
27 Grazzini, S. 56
28 Zit. n. Carmine Chiellino: «Der neorealistische Film». In: «Text + Kritik», 1979, Heft 63, S. 23
29 «Kinemathek», 1968, Heft 39, S. 2
30 Siegfried Kracauer: «Kino». Frankfurt a. M. 1974. S. 259f
31 Grazzini, S. 59
32 Ebd., S. 58
33 Ebd., S. 57
34 Rainer Gansera [u. a.]: «Roberto Rossellini». München 1987. S. 73
35 Grazzini, S. 57
36 *Aufsätze*, S. 194
37 Zit. n. Karsten Witte (Hg.): «Theorie des Kinos». Frankfurt a. M. 1973. S. 204
38 Zit. n. Chiellino, a. a. O., S. 24
39 Interview mit Ch. Th. Samuels,

zit. n. *Der weiße Scheich*. Zürich 1988. S. 153

40 Vgl. Rudolf Thome in: Gansera, «Rossellini», a.a.O., S. 153
41 *Aufsätze*, S. 62
42 Ebd., S. 41
43 Ebd., S. 208
44 Pier Paolo Pasolini: «Ketzererfahrungen». München 1979. S. 205f
45 Charles Thomas Samuels: «Encountering Directors». New York 1972. S. 118. Vgl. Alberto Lattuada/Brunello Rondi: «Colloquio su ‹Luci del varietà›». In: «Bianco e nero», 1966, Heft 2/3, S. 65–68
46 Zit. n. Hollis Alpert: «Fellini. A Life». New York 1986. S. 73
47 *Aufsätze*, S. 126
48 Grazzini, S. 72
49 *Der weiße Scheich*, a.a.O., S. 152
50 André Bazin: «Filmkritiken als Filmgeschichte». München 1981. S. 102
51 *I Vitelloni*. Zürich 1977. S. 9
52 Zit. n. Ulrich Gregor/Enno Patalas: «Geschichte des Films». Reinbek 1976. Bd. 2, S. 370
53 *Aufsätze*, S. 15
54 Ebd., S. 46
55 Zit. n. Claudio G. Fava/Aldo Viganò: «I film di Federico Fellini». Rom 1987. S. 64
56 Vgl. Giovanni Spagnoletti in: Wolfgang Jacobsen [u. a.], «Lina Wertmüller». München 1988. S. 71f
57 Interview von 1958, zit. n. *La Strada*. Zürich 1977. S. 164
58 *Aufsätze*, S. 70
59 *La Strada*, a.a.O., S. 159
60 Cesare Zavattini: «Einige Gedanken zum Film». In: Witte, a.a.O., S. 202f, hier S. 206
61 Interview mit Alain Finkielkraut in: «Tintenfaß» 18, Zürich 1987, S. 154
62 Guido Aristarco: «Italian Cinema». In: Peter Bondanella/Manuela Gieri (Hg.), «La Strada». New Brunswick und London 1987. S. 205
63 *Fare un film*, S. 58
64 *La Strada*, a.a.O., S. 159
65 Ebd., S. 160
66 Aristarco, a.a.O., S. 204
67 Viscontis Statement und Fellinis Entgegnung erschienen in: «Cinema nuovo», 1957, Heft 113, S. 111
68 Ebd.
69 *Aufsätze*, S. 194f
70 Bazin, a.a.O., S. 96
71 *Aufsätze*, S. 195
72 Ebd., S. 68
73 Grazzini, S. 74
74 *Aufsätze*, S. 77
75 Interview mit Dominique Delouche 1956, zit. n. *Die Gauner*. Zürich 1988. S. 153
76 *Aufsätze*, S. 77
77 Grazzini, S. 75
78 Vgl. Wilfried Berghahns Besprechung von *Die Nächte der Cabiria* in: «Filmkritik», 1957, Heft 12, S. 181
79 Zit. n. Gregor Ball: «Anthony Quinn». München 1965. S. 85f
80 *Fare un film*, S. 58
81 *Über meinen Beruf als Regisseur* in: Theodor Kotulla (Hg.), «Der Film. Manifeste, Gespräche, Dokumente». München 1964. Bd. 2, S. 76
82 Im Interview zu Birgitta Ashoff in: «Frankfurter Allgemeine Zeitung», Magazin, 21. März 1985
83 *La Strada*, a.a.O., S. 157
84 François Truffaut: «Die Filme meines Lebens». München 1979. S. 211
85 *Auch ich bin ein Sünder*. Interview mit Giorgio Bocca in: «Süddeutsche Zeitung», 12. März 1960
86 Grazzini, S. 110f
87 Ebd., S. 113
88 Interview mit Bocca, a.a.O.
89 Geneviève Agel: «Les Chemins de Fellini». Paris 1956. S. 94
90 *La Dolce Vita*. Zürich 1974. S. 206
91 Ebd., S. 148
92 Fellinis Selbstinterpretation, der das *Kabbalistische Finale* als optimistisches Zeichen gedeutet wissen will (ebd., S. 206), kann der Verfasser nicht folgen.

93 *Aufsätze*, S. 137
94 Statement in dem Fernsehfeature «Federico Fellini» von Birgitta Ashoff, ARD, 6. Mai 1985
95 Laurence Schifano: «Luchino Visconti». Gernsbach 1988. S. 309
96 *Aufsätze*, S. 138
97 Claudio G. Fava/Mathilde Hochkofler: «Marcello Mastroianni». München 1988. S. 36f
98 Wiederabdruck in: Enrico Magrelli (Hg.), «Con Pier Paolo Pasolini». Rom 1977. S. 129–140
99 *La Dolce Vita*, a. a. O., S. 203
100 «Entretiens avec Federico Fellini». Brüssel 1962. S. 62
101 *La Dolce Vita*, a. a. O., S. 203
102 *Satyricon*. Zürich 1983. S. 244
103 Grazzini, S. 139; *Satyricon*, a. a. O., S. 11
104 *Satyricon*, a. a. O., S. 232
105 Ebd., S. 236
106 Betti, S. 117
107 Zit. nach Wendla Lipsius-Eckstein: «Heidnische Orgie». In: «Stuttgarter Zeitung», 18. Juni 1969
108 Grazzini, S. 140
109 John Lennon: «Satyricon». In: Klaus Humann (Hg.), «Das Rowohlt Lesebuch der Rockmusik». Reinbek 1984. S. 84
110 *Satyricon*, a. a. O., S. 240
111 Sigmund Freud: «Die Traumdeutung». Frankfurt a. M. 1973. S. 561
112 *Satyricon*, a. a. O., S. 232
113 Alberto Moravia: «Fellinis Sehnsüchte und Ängste». In: «Film», Velber 1970, Heft 4, S. 11
114 *Aufsätze*, S. 115
115 Pier Paolo Pasolini: «Lichter der Vorstädte». Hofheim 1986. S. 21
116 *Moraldo in the City/A Journey with Anita*. Edited and Translated by John C. Stubbs. Urbana und Chicago 1983
117 Grazzini, S. 136. Die zitierte Passage bezieht sich auf *Die Reise des G. Mastorna*, ein Projekt, das im Werk Fellinis einen ähnlichen Stellenwert hat wie *Moraldo in der Stadt*.

118 *8 ½*. Zürich 1974. S. 149
119 Ebd., S. 18
120 «Entretiens avec Federico Fellini», a. a. O., S. 37
121 Grazzini, S. 152
122 Ebd., S. 131
123 Deena Boyer: «Die 200 Tage von *8 ½* oder Wie ein Film von Federico Fellini entsteht». Reinbek 1963. S. 38
124 Christian Metz: «Semiologie des Films». München 1972. S. 289f
125 Truffaut, a. a. O., S. 211
126 Jung, a. a. O., S. 410
127 Gideon Bachmann: «Gespräch mit Federico Fellini». In: «Film», Velber 1964, Heft 10, S. 6
128 *Julia und die Geister*. Zürich 1974. S. 185
129 Grazzini, S. 119
130 *8 ½*, a. a. O., S. 159
131 Ebd., S. 9
132 Vgl. das Kapitel über *8 ½* in: Peter Wuss, «Die Tiefenstruktur des Filmkunstwerks». Berlin/DDR 1986. S. 73–110
133 *8 ½*, a. a. O., S. 159
134 Betti, S. 205
135 *Aufsätze*, S. 205
136 Bachmann, S. 73
137 *Fare un film*, S. 96
138 Christian Tauber: «Federico Fellini – Rom/Julien Green – Paris». Zürich 1971. S. 16
139 Bachmann, S. 66
140 *Julia und die Geister*, a. a. O., S. 178
141 Grazzini, S. 126
142 Ernst Wendt: «Julia und die Beatles». In: «Film», Velber 1965, Heft 12, S. 11
143 Veit Mölter: «Ein Leben ohne Kopf». Interview. In: «Abendzeitung», München, 7. August 1968
144 Vgl. o. V.: «Athleten vom Schlachthof». In: «Der Spiegel», 30. September 1968; *Satyricon*, a. a. O., S. 231
145 *Aufsätze*, S. 115
146 Mario Devena: «Fellini! Fellini! Fellini! Ein Gespräch». In: «Film», Velber 1968, Heft 4, S. 20

147 *Aufsätze*, S. 139
148 José-Luis de Vilallonga: «Gold-Gotha». München 1972, S. 323. Alle anderen Zitate in diesem Abschnitt stammen aus *Mein Rimini*, deutsch in: *Aufsätze*, S. 9–56
149 *Amarcord*. Zürich 1974. S. 309
150 *Aufsätze*, S. 15
151 *Amarcord*, a. a. O., S. 307
152 *Julia und die Geister*, a. a. O., S. 184
153 Vilallonga, a. a. O., S. 373
154 *Amarcord*, a. a. O., S. 305
155 Ebd., S. 313
156 Ebd., S. 319
157 Ebd., S. 306
158 Ebd., S. 303
159 Grazzini, S. 15
160 *Roma*. Zürich 1972. S. 207
161 Ebd., S. 223
162 Ebd., S. 212
163 *Roma*, a. a. O., S. 220, 221, 218
164 Ebd., S. 58
165 Ebd., S. 216
166 Ebd., S. 220
167 *Amarcord*, a. a. O., S. 306
168 *Roma*, a. a. O., S. 216
169 Ebd., S. 220
170 Vilallonga, a. a. O., S. 352
171 *Roma*, a. a. O., S. 223
172 *Aufsätze*, S. 127
173 Ebd., S. 154
174 Zit. n. Peter Kammerer: «Elementare Welt vor der Katastrophe». In: «Frankfurter Rundschau», 13. Februar 1974
175 Carlo Collodis «Pinocchios Abenteuer» wird zitiert in der Übersetzung von Nino Erné, erschienen Frankfurt a. M. 1988
176 Vorwort zu: *Fellini's Faces*. Zürich 1981. unp.
177 *Aufsätze*, S. 136
178 Alberto Moravia, Vorwort zu: Sonja Schoonejans, «Fellinis *Stadt der Frauen*». München 1960. S. 13 (dort auch das vorangestellte Fellini-Zitat)
179 *Fellini's Faces*, a. a. O., unp.
180 Betti, S. 236
181 o. V.: «Die Zunge». In: «tageszeitung», 11. September 1986

182 Grazzini, S. 163 f
183 *Casanova*. Zürich 1977. S. 9
184 Ebd., S. 254
185 Ebd., S. 235
186 Ebd., S. 10, 13
187 Vorwort zu: Vincenzo Mollica (Hg.), «Il fumetto e il cinema di Fellini». Montepulciano 1984. S. 11
188 *Casanova*, a. a. O., S. 240
189 Rosemarie Kern: «Spiegelbilder». Wien 1988. S. 221
190 *Casanova*, a. a. O., S. 254
191 Fellini–Simenon: «Casanova, notre frère...». In: «L'Express», 21. Februar 1977
192 In: Claudia Schmölders/Christian Strich (Hg.), «Über Simenon». Zürich 1978. S. 65–67
193 Grazzini, S. 172
194 *Die Stadt der Frauen*. Zürich 1980. S. 139, 192
195 Ebd., S. 197
196 Gideon Bachmann: «The Show Must Go On». In: «Cinema plus», 1985, Heft 1, S. 109 f
197 Marlet Schaake: «Einmal noch als nackter Tarzan. Interview mit Marcello Mastroianni». In: «Cosmopolitan», 1985, Heft 1, S. 31
198 Günter Grass: «Die Rättin». Reinbek 1988. S. 292
199 *Die Stadt der Frauen*, a. a. O., S. 210
200 Helma Sanders-Brahms: «Città delle donne». In: «Courage», 1980, Heft 12, S. 42. Zu den Protesten der Feministinnen vgl.: Monika von Zitzewitz, «Der Meister und die Geister, die er rief». In: «Die Welt», 23. Juli 1979
201 Veit Mölter: «Ich seh' in der Frau nur mich. Gespräch mit Fellini». In: «Abendzeitung», München, 3. April 1972
202 *Die Stadt der Frauen*, a. a. O., S. 202
203 Kern, a. a. O., S. 222
204 Woody Allen: «Der Stadtneurotiker». Zürich 1981. S. 23 f
205 Woody Allen: «Stardust Memories». Zürich 1981. S. 15
206 Hans-Joachim Schlegel: «Ein ab-

gegriffenes Bilderbuch Fellini-
scher Alpträume». In: «Film und
Fernsehen», 1981, Heft 7, S. 48
207 Brigitte Jeremias: «In Rom den
Weltuntergang erleben». In:
«Frankfurter Allgemeine Zeitung», 30. Oktober 1972
208 o. V.: «Barocker Ego-Trip in Talmi
und Puder». In: «Der Spiegel»,
30. Juli 1979, S. 134
209 Grazzini, S. 142
210 *Aufsätze*, S. 128
211 Grazzini, S. 17; *Aufsätze*, S. 145
212 Grazzini, S. 19
213 Ebd., S. 144
214 Interview mit Finkielkraut,
a. a. O., S. 154
215 Statement in dem Fernsehfeature
von Ashoff, a. a. O.
216 *Orchesterprobe*. Zürich 1979. S. 51
217 Ebd., S. 173
218 Ebd., S. 168
219 Ebd., S. 160
220 Ebd., S. 169
221 *Aufsätze*, S. 154. – Zum erstenmal
hat Fellini diese Formel gebraucht
im Gespräch mit Ch. Th. Samuels:
*Für mich ist der einzige Realist der
Visionär, weil er seine eigene Realität offenlegt. Ein Visionär – Van
Gogh zum Beispiel – ist der wahre
Realist. Das Weizenfeld mit der
schwarzen Sonne ist nur ihm eigen;
nur er hat es gesehen. Mehr Realismus kann es gar nicht geben. (Der
weiße Scheich*, a. a. O., S. 153)
222 Grazzini, S. 115
223 «Frankfurter Allgemeine Zeitung», Magazin, 10. Oktober 1980
224 *E la nave va*. Zürich 1984. S. 181
225 Grazzini, S. 161
226 *E la nave va*, a. a. O., S. 198
227 Ebd., S. 178
228 Ebd., S. 196
229 *Aufsätze*, S. 127
230 *E la nave va*, a. a. O., S. 197
231 Franca Faldini/Goffredo Fofi: «Il
cinema italiano d'oggi». Mailand
1984. S. 639
232 *E la nave va*, a. a. O., S. 197
233 *Ginger und Fred*. Zürich 1986.
S. 211 f

234 *Aufsätze*, S. 153
235 Interview mit Rita Cirio in: «tageszeitung», 2. September 1985
236 Grazzini, S. 169
237 *Ginger und Fred*, a. a. O., S. 213,
212
238 Bachmann, «The Show Must Go
On», a. a. O., S. 111
239 «Apropos Film», ZDF, 5. Februar
1986
240 *Ginger und Fred*, a. a. O., S. 224
241 Ebd., S. 154
242 Ebd., S. 221
243 Interview mit Pit Riethmüller in:
«Süddeutsche Zeitung», 13. Februar 1986
244 Marlet Schaake: «Sie mag nur
starke Stücke. Interview mit Giulietta Masina». In: «Cosmopolitan», 1986, Heft 8, S. 33
245 Liv Ullmann: «Wandlungen».
Bern/München/Wien 1976. S. 150
246 Interview mit Ashoff, a. a. O.
247 Jörg Wigand: «Nur eine Gans ist
immer glücklich». In: «Bild am
Sonntag», 22. März 1981
248 *Ginger und Fred*, a. a. O., S. 222
249 Interview mit Finkielkraut,
a. a. O., S. 150
250 «Corriere della Sera», 23. Januar
1987
251 Birgitta Ashoff: «Warum wollen
Sie nicht älter werden, Herr Fellini?» In: «Frankfurter Allgemeine
Zeitung», Magazin, 21. Juni 1985
252 Presseheft zu «Die Stimme des
Mondes», unp.
253 Andreas Kilb: «Die wilden Herzen». In: «Die Zeit», 25. Mai 1990
254 Charlotte Chandler: «Ich, Fellini». München 1994. S. 257
255 Lietta Tornabuoni (Hg.): «Federico Fellini». Zürich 1995. S. 53
256 Chandler, a. a. O., S. 313
257 Jürgen Vordemann: «Ein Engel an
seinem Bett». In: «Frankfurter
Rundschau», 24. August 1993
258 Wim Wenders: «Viva Fellini». In:
«Wochenpost», 4. November 1993

Zeittafel

1920	Federico Fellini wird am 20. Januar als Sohn des Handelsvertreters Urbano Fellini und seiner Frau Ida, geb. Barbiani, in Rimini geboren. Er hat zwei jüngere Geschwister: Maddalena und Riccardo.
1937	Schulabschluß. Fellini geht nach Florenz, wo er für die Zeitschrift «Il 420» arbeitet.
1938	Fellini zieht nach Rom. Er arbeitet als Journalist und Zeichner für verschiedene Blätter; in der Zeitschrift «Marc' Aurelio» publiziert er regelmäßig Karikaturen und Humoresken.
1939	Erste Arbeit für den Film: Gagschreiber für den Komiker Macario.
1941	Drehbuch-Coautor und Ideenlieferant für zahlreiche italienische Filme, darunter «Avanti c'è posto» und «Campo dei Fiori» (beide Regie Mario Bonnard), «L'ultima carrozzella» (Mario Mattoli) und «La quarta pagina» (Nicolai Manzari).
1943	30. Oktober: Heirat mit Giulietta Masina.
1944	4. Juni: Rom wird von amerikanischen Truppen befreit. Mit dem «Funny Face Shop», der vor allem von amerikanischen Soldaten frequentiert wird, finanziert sich Fellini seinen Lebensunterhalt. Dort kommt es auch zur Begegnung mit Roberto Rossellini.
1945	Assistent von Rossellini bei «Rom, offene Stadt». Der Film, dessen Dreharbeiten noch während des Kriegs beginnen, leitet die Epoche des italienischen Neorealismus ein.
1946	Enge Zusammenarbeit mit Rossellini bei dessen Film «Paisà»: Coautor von Treatment und Drehbuch, Regieassistent.
	Fellini lernt Tullio Pinelli kennen, Beginn einer zwanzigjährigen Zusammenarbeit und Freundschaft. Ihre erste gemeinsame Arbeit ist ein Drehbuch für Alberto Lattuada: «Das Verbrechen des Giovanni Episcopo».
1947	Fellini und Pinelli schreiben für Lattuada das Drehbuch «Ohne Gnade»; in einer Nebenrolle wirkt Giulietta Masina mit, es ist ihr Filmdebüt.
1948	Fellini schreibt für Rossellinis Film «Amore» die Episode «Das Wunder». Bei den Dreharbeiten wirkt er als Regieassistent und Schauspieler mit: Er übernimmt die Rolle des Vagabunden.
	Das Autorengespann Fellini/Pinelli verfaßt ein Drehbuch für Pietro Germi: «Im Namen des Gesetzes».
1949	Fortsetzung der Zusammenarbeit mit Rossellini: Coautor und Regieassistent von «Franziskus, der Gaukler Gottes».
	Alberto Lattuada dreht «Die Mühle am Po» nach einem Drehbuch von Fellini und Pinelli.
1950	*Lichter des Varieté*, Regie: Lattuada und Fellini. Der Film, der auf einer

Idee Fellinis basiert, wird von einer Genossenschaft produziert, die beide Regisseure und ihre Ehefrauen, die Schauspielerinnen Carla Del Poggio und Giulietta Masina, gegründet haben.
Zusammen mit dem Regisseur und Pinelli schreibt Fellini das Drehbuch zu Pietro Germis Film «Weg ohne Hoffnung».

1951 Fellini ist Coautor und Assistent von Germi bei dem sozialkritischen Kriminalfilm «Jagd ohne Gnade».

1952 *Der weiße Scheich*. Erstmals zeichnet Fellini allein für die Regie verantwortlich. Das Drehbuch schreibt er zusammen mit Pinelli und Ennio Flaiano; dieses Team verfaßt die Drehbücher zu allen Fellini-Filmen in den nächsten dreizehn Jahren.
Die Uraufführung bei den Filmfestspielen in Venedig wird zum Mißerfolg.
Dezember: Fellini beginnt mit den Dreharbeiten zu *I Vitelloni*.

1953 *Ein Heiratsvermittlungsbüro*, Fellinis Beitrag zu dem Gemeinschaftsfilm «Liebe in der Stadt».
I Vitelloni wird in Venedig begeistert aufgenommen, Fellini mit dem Silbernen Löwen der Filmfestspiele ausgezeichnet.

1954 Das (nie realisierte) Drehbuch *Moraldo in der Stadt* erscheint als Fortsetzungsgeschichte in der Zeitschrift «Cinema».
Uraufführung von *La Strada* in Venedig. Der Film, für den Fellini erneut den Silbernen Löwen erhält, löst eine heftige Polemik aus: Kritiker und Kollegen werfen dem Regisseur Verrat am Neorealismus vor.

1955 *Die Gauner*. Der Film wird von Presse und Publikum reserviert aufgenommen.

1956 *La Strada* wird als bester ausländischer Film mit dem Oscar ausgezeichnet. Der Film wird zum Welterfolg; für Regie, Drehbuch und Darstellung erhalten Fellini und Giulietta Masina 27 internationale Filmpreise.
Die erste Monographie über den Regisseur erscheint im Ausland: «Les chemins de Fellini» von Geneviève Agel.

1957 *Die Nächte der Cabiria*. Auch für diesen Film erhält Fellini einen Oscar sowie den Preis der New Yorker Filmkritik; in Cannes wird Giulietta Masina ausgezeichnet als beste Schauspielerin.
Fellini schreibt das Drehbuch *Eine Reise mit Anita* (publiziert 1983). Das Projekt wird aufgegeben; Fellini verkauft 1978 die Filmrechte an den Regisseur Mario Monicelli.

1958 Eduardo De Filippo verfilmt die von Fellini für Giulietta Masina geschriebene Geschichte *Fortunella*.

1959 März–August: Dreharbeiten zu *La Dolce Vita*. Erstmals besetzt Fellini die Rolle des Protagonisten mit Marcello Mastroianni, der zu seinem alter ego wird. Die Endfertigung erweist sich als schwierig: Aus 92 000 Metern belichteten Filmmaterials montiert Fellini eine 5000 Meter lange Fassung, was eine Spieldauer von drei Stunden bedeutet.

1960 Anfang Februar: Die Uraufführung von *La Dolce Vita* löst in Italien einen Skandal aus; der Vatikan fordert die Gläubigen auf, den Film zu boykottieren. In Spanien wird *La Dolce Vita* verboten; ein Versuch, diese Entscheidung zu revidieren und das Verbot aufzuheben, scheitert 1972. Bei den Filmfestspielen in Cannes wird *La Dolce Vita* mit der Goldenen Palme als bester Film ausgezeichnet; zu den Befürwortern in der Jury gehören Georges Simenon und Henry Miller.
Fellini gründet, mit finanzieller Unterstützung von Angelo Rizzoli, die Produktionsfirma Federiz.

1961	*Die Versuchungen des Doktor Antonio*, Fellinis Beitrag zu dem Episodenfilm «Boccaccio '70».
1962	Mai: Nach langem Zögern beginnt Fellini mit den Dreharbeiten zu *8 ½*.
1963	Februar: Uraufführung von *8 ½*. Wieder ein internationaler Erfolg: In New York erhält Fellini einen Oscar, in Moskau den Großen Preis der Filmfestspiele. Doch *8 ½* kommt nie in die sowjetischen Kinos.
1965	*Julia und die Geister*. Fellinis erster Farbfilm erscheint vielen Kritikern – verglichen mit den vorangegangenen Produktionen – als schwächeres Werk. Dagegen ist vor allem in den USA die Aufnahme sehr positiv: Fellini erhält den Golden Globe, den Preis der New Yorker Filmkritik und weitere Auszeichnungen.
1966	Fellini bricht das Filmprojekt *Die Reise des G. Mastorna* ab. Die juristischen Auseinandersetzungen mit dem Produzenten Dino De Laurentiis, der große Summen in das Projekt investiert hat, ziehen sich über Jahre hin.
1967	April: Fellini erkrankt an einer Brustfellentzündung und muß anschließend mehrere Monate ins Sanatorium. Während dieser Zeit schreibt er den autobiographischen Essay *Mein Rimini*.
1968	*Toby Dammit*, Fellinis Beitrag zu einem Episodenfilm nach Geschichten von Edgar Allan Poe. Für die amerikanische Fernsehgesellschaft NBC dreht Fellini den Filmessay *Notizblock eines Regisseurs*.
1969	Mai: Abschluß der Dreharbeiten zu *Satyricon*. Der Film, der Fellini eine Oscar-Nominierung einbringt, ist besonders erfolgreich in Japan, wo er über vier Jahre im Kino läuft.
1970	Der Fernsehfilm *Die Clowns*, eine Mischung aus Reportage, Beschwörung einer vergangenen Kunst und Bekenntnis: Die Poesie der Zirkuswelt hat in vielen Fellini-Filmen Spuren hinterlassen.
1971	Dreharbeiten zu *Roma*, Fellinis Porträt seiner Stadt.
1973	*Amarcord*. Fellini kann den fünften Oscar in Empfang nehmen.
1975/76	Dreharbeiten zu *Casanova*, Fellinis aufwendigstem Film, dessen Produktionskosten acht Millionen Dollar betragen.
1976	Im Diogenes Verlag erscheinen *Fellini's Zeichnungen*, Entwürfe für Figuren, Dekorationen und Kostüme, aber auch Karikaturen und Graffiti; das Vorwort schreibt Roland Topor. In der Folgezeit finden in Museen und Galerien zahlreiche Ausstellungen von Fellini-Zeichnungen statt.
1977	Januar: Die französische Zeitschrift «L' Express» bringt zwei ehemalige Journalisten zusammen: Georges Simenon interviewt Federico Fellini.
1979	Uraufführung von *Orchesterprobe*. Fellini weigert sich strikt, die *Fabel*, die allgemein als politische Parabel verstanden wird, zu interpretieren. Er widmet den Film dem Komponisten Nino Rota, der die Musik zu allen seinen Filmen geschrieben hat und am 11. April, kurz vor den Dreharbeiten zu *Orchesterprobe*, stirbt. April–November: Dreharbeiten zu *Die Stadt der Frauen*. Als erster Filmregisseur wird Fellini in die französische Akademie der Schönen Künste gewählt. Im Heimatland wird er mit dem Vittorio De Sica-Preis ausgezeichnet.
1980	Die Uraufführung von *Die Stadt der Frauen* provoziert heftige Proteste von feministischen Frauengruppen.

1981	Der Regisseur öffnet sein privates Foto-Archiv, *Fellini's Faces* erscheint.
1983	Oktober: Uraufführung von *E la nave va*.
	Fellini gibt dem Journalisten Giovanni Grazzini ein ausführliches Interview, das unter dem Titel *Intervista sul cinema* als Buch erscheint.
1984	Fellini dreht zwei Werbespots.
1985	Dreharbeiten zu *Ginger und Fred*. Erstmals spielen Giulietta Masina und Marcello Mastroianni zusammen in einem Fellini-Film.
	September: Bei den Filmfestspielen in Venedig wird Fellini für sein Gesamtwerk mit dem Goldenen Löwen ausgezeichnet.
1986	Januar: Uraufführung von *Ginger und Fred*. Ginger Rogers verklagt Fellini vor Gericht, ihre Klage wird jedoch abgewiesen.
1987	*Intervista*, Fellinis Hommage an Cinecittà, wird bei den Filmfestspielen in Cannes mit einem Sonderpreis, in Moskau mit dem Großen Preis der Jury und dem Publikumspreis ausgezeichnet.
1988	Fellini veröffentlicht das Buch *Cinecittà – Meine Filme und ich*.
1989	Fellini wird der europäische Filmpreis Felix verliehen.
1990	Mai: *Die Stimme des Mondes* wird bei den Filmfestspielen in Cannes uraufgeführt und findet geteilte Resonanz.
	Die Japan Arts Association zeichnet den Regisseur mit dem Prämium Imperiale aus.
	Als Buch erscheint *Die Reise nach Tulum*, ein Comicalbum von Milo Manara nach einem Filmentwurf von Fellini.
1993	März: Für sein Gesamtwerk kann Fellini in Los Angeles seinen fünften Oscar entgegennehmen.
	Am 3. August erleidet er in Rimini einen Schlaganfall; nach einem erneuten Schlaganfall am 15. Oktober erwacht er nicht wieder aus dem Koma.
	Federico Fellini stirbt am 31. Oktober in Rom.

Zeugnisse

François Truffaut
Die Regisseure, die einmal Schauspieler waren, die Schauspieler, die etwas mit dem Zirkus zu tun hatten, die Regisseure, die Drehbuchschreiber waren, und die, die zeichnen können, haben den anderen etwas voraus. Fellini ist Schauspieler, Drehbuchautor, Zirkusmensch, Zeichner gewesen. Sein Film ist komplett, einfach, schön, ehrlich wie der, den Guido drehen möchte in *8½*.

«Lui», Heft 1, November 1963

Orson Welles
Fellini ist im Grunde ein Kind der Kleinstadt, das nie richtig in Rom angekommen ist. Er träumt immer nur davon. Und wir sollten alle sehr dankbar sein für diese Träume. In gewisser Weise steht er immer noch draußen vor den Toren und schaut hindurch. Die Wirkung von *La Dolce Vita* rührt von der provinziellen Unschuld des Films her.

Im Gespräch zu Peter Bogdanovich, 1970

Italo Calvino
Was man so oft das Barocke an Fellini genannt hat, steckt in seiner konstanten Forcierung des fotografischen Bildes in die Richtung, die vom Karikaturhaften zum Visionären führt. Wobei er jedoch als Ausgangspunkt stets eine sehr präzise Darstellung im Sinn hat, die ihre suggestive Form finden muß. Für uns Angehörige seiner Generation ist dies besonders evident in den Bildern vom Faschismus, die bei Fellini, so grotesk die Karikatur auch sein mag, immer einen Geschmack von Wahrheit behalten.

Vorwort zu: Fellini, «Quattro film». Turin 1974

Rainer Werner Fassbinder
Schauen Sie sich doch die Filme von Fellini an; das sind die perfektesten Filme für mich, die es gibt. Da gibt es keine schwache Sekunde, nichts, und das ist das persönlichste Kino, das ich kenne.

«Frankfurter Rundschau», 31. Januar 1976

Georges Simenon
Fellini ist nicht nur ein großer Regisseur – sicher der größte unserer Epoche –, er ist ein echter Schöpfer; vielleicht zuweilen unbewußt, zuweilen verwirrend, «schöpft» er sein ganzes Werk aus dem Unterbewußten.
In meinen Augen ist Fellini das Kino.
Nicht das kommerzielle Kino. Und nicht das Kino der Avantgarde. Und auch nicht das Kino der oder jener Technik oder Gattung, nicht Drama, Komödie oder Groteske. Das Kino eines Mannes, der uns mit allen ihm verfügbaren Mitteln, mit gänzlich unerwarteten manchmal, die Menschlichkeit und die Alpträume mitteilt, die in ihm brodeln.
Vorwort zu: «Fellini's Filme». Zürich 1976

Andrej Tarkowskij
Fellinis Kunst ist demokratisch. Seine Welt ist keineswegs raffiniert, er ist den breitesten Kreisen zugänglich. Filme wie *La Strada*, *Die Nächte der Cabiria* oder *Amarcord* zeigen seine Nähe zum Volk, sein Verständnis für den einfachen Mann.
Das erstaunliche und überaus reiche Barock Fellinis, seine – ich möchte fast sagen – rubenshaften Züge sind Ausdruck für die Lebenslust des Meisters, die Spannweite seiner Wesensart, die ausgeprägte Individualität seines Charakters und seine geistige Gesundheit. Kein Zweifel, das ganze Werk Federico Fellinis – das ganze! – ist erfüllt von tiefem lebensbejahendem Pathos.
«Iskusstwo Kino», Dezember 1980

Bernardo Bertolucci
Fellini ist sicher ein Poet. Er erscheint mir wie jemand, der heimatlose Menschen filmt, Ameisen auf einem riesigen Kadaver à la Gulliver. Aber er hat nicht den Mut zuzugeben, daß sie auf seinem eigenen Bauch herumtanzen.
Aldo Tassone: «Le Cinéma Italien Parle». Paris 1982

Dario Fo
Ich glaube, daß Fellini sich manchmal ein bißchen wie ein Angeber benimmt, wie jemand, der zu sehr damit beschäftigt ist, verblüffen zu wollen. Aber ohne Zweifel ist er einer der größten Filmleute nicht nur Italiens, sondern der Welt. Und er gehört noch immer zu denen, die etwas zu sagen haben.
«Theater heute», Jahrbuch 1985

Lina Wertmüller
Er ist ein Künstler. Was kann man von ihm lernen? Man schaut zu, wie er lebt, und erkennt, daß er ein Mensch ist, der in vollkommener Freiheit lebt. Er akzeptiert keine Regel und wehrt sich gegen alles, was sich seiner Freiheit entgegenstellen könnte. Jeder Künstler muß seinen eigenen Weg gehen. Und genau das lernt man von Federico. Es gibt nichts zu lernen außer Selbstverwirklichung.

«Federico Fellini», Fernsehporträt, ARD 1985

Milan Kundera
In der Tat ist allein Fellini imstande, durch seine Interpretationen die (stets außer acht gelassene, übergangene, unverstandene) Essenz der großen ästhetischen Revolution Kafkas brutal und schonungslos zu enthüllen: die radikale Freisetzung der mit träumerischer Leichtigkeit gegen sämtliche Regeln der Wahrscheinlichkeit verstoßenden Imagination. Die moderne Kunst ist für mich persönlich die Geschichte dieser Imagination, die von Fellini heute auf unerreichbare Höhen (und vielleicht zur Vollendung, zur orgiastischen Vollendung) geführt worden ist.

«Le Messager Européen», 1987

Martin Scorcese
Zu Beginn der fünfziger Jahre war der Neorealismus zu einem Markenzeichen geworden, mit einem genau umrissenen Codex, einem bestimmten stilistischen Repertoire, einem Katalog von Zielsetzungen. Und er war von den marxistischen Kritikern mit Beschlag belegt worden. Die Magie der autobiographisch gefärbten Welt Fellinis, ihre Poesie und ihre Philosophie lassen sich weder in einen Codex noch in irgendeine Ideologie zwängen. Fellini hat das Kino ständig neu entdeckt, er war ein unermüdlicher Erforscher der spezifischen Eigenschaften, die den Film zu einer unverwechselbaren Kunstform machen.

«Theater heute», November 1993

Woody Allen
Fellini gehört mit Kurosawa, Bergman, Buñuel zur kleinen Gruppe der Meister. In Amerika hat es mit Ausnahme von Orson Welles und Chaplin nie jemanden gegeben, der ihnen ebenbürtig wäre.
Wir alle, die wir Filme machen, haben von Fellini gelernt.

Nachruf, November 1993

Filmographie

Die Filmographie dokumentiert zunächst Fellinis Arbeit als Drehbuchautor und Regieassistent. Verzeichnet werden alle Filme, in deren Titelei er genannt wird; darüber hinaus wirkte er in den Jahren 1939 bis 1941 an einigen Filmen Mario Mattolis («Imputato alzatevi!», «Lo vedi come sei?», «Il pirata sono io») und anderer Regisseure mit. Vollständige und zuverlässige Angaben über diese Arbeit als Szenarist liegen nicht vor.

Genannt wird der Originaltitel, anschließend der deutsche Verleihtitel. Das Darstellerverzeichnis beschränkt sich auf die Besetzung der Hauptrollen. Abkürzungen: R = Regie, RA = Regieassistenz, B = Buch, K = Kamera, A = Ausstattung, P = Produktion, D = Darsteller.

Drehbuchautor und Regieassistent:

«Aventi c'è posto». Italien 1942. R: Mario Bonnard. B: Mario Bonnard, Aldo Fabrizi, Federico Fellini, Piero Tellini, Cesare Zavattini. K: Vincenzo Seratrice. A: Gianni Sarazini. P: Cines. D: Aldo Fabrizi, Andrea Checci, Adriana Benetti, Virgilo Riente, Arturo Bragaglia

«La quarta pagina». Italien 1943. R: Nicolai Manzari. B: Edoardo Anton, Ugo Betti, Federico Fellini, Nicolai Manzari, Cesare Zavattini u. a. K: Giorgio Orsini. P: I. N. A. C./Cervinia. D: Paola Barbara, Memo Benassi, Annibale Betrone, Armando Falconi, Claudio Gora

«L'ultima carrozzella». Italien 1943. R: Mario Mattoli. B: Aldo Fabrizi, Federico Fellini. K: Tino Santoni. A: Piero Filippone. P: Artisti Associati/Continentalcine. D: Aldo Fabrizi, Elida Spada, Enzo Fiermonte, Anna Magnani

«Campo dei Fiori». Italien 1943. R: Mario Bonnard. B: Mario Bonnard, Aldo Fabrizi, Piero Tellini, Federico Fellini. K: Peppino Latorre. A: Gianni Sarazani. P: Cines. D: Caterina Boratto, Cristiano Cristiani, Peppino De Filippo, Aldo Fabrizi, Anna Magnani

«Chi l'ha visto?». Italien 1943. R: Goffredo Alessandrini. B: Federico Fellini, Piero Tellini. K: Domenico Scala. A: Ottavio Scotti. P: Generalcine/I. C. A. R. D: Virgilio Riento, Carlo Campanini, Valentina Cortese, Ada Dondini, Pina Renzi, Alberto Sordi

«Roma, città aperta» («Rom, offene Stadt»). Italien 1945. R: Roberto Rossellini. RA: Sergio Amidei, Federico Fellini. B: Sergio Amidei, Federico Fellini, Roberto Rossellini. K: Ubaldo Arata. A: R. Megna. P: Excelsa-Film. D: Anna Magnani, Aldo Fabrizi, Marcello Pagliero, Harry Feist, Maria Michi, Franceso Grandjaquet, Giovanni Galetti

«Paisà». Italien 1946. R: Roberto Rossellini. RA: Federico Fellini. B: Sergio Amidei, Federico Fellini, Roberto Rossellini; Mitarbeit Klaus Mann. K: Otello Martelli. P: O. F. I./Foreign Film Production. D: Carmela Sazio, Robert Van Loon, Dots M. Johnson, Maria Michi, Gar Moore, Harriet White, Giulietta Masina

«Il delitto di Giovanni Episcopo» («Das Verbrechen des Giovanni Episcopo»). Italien 1947. R: Alberto Lattuada. B: Alberto Lattuada, Suso Cecchi D'Amico, Federico Fellini, Aldo Fabrizi, Piero Tellini. K: Aldo Tonti. A: Giudo Fiorini. P: Lux-Film/P. A. O. D: Aldo Fabrizi, Roldano Lupi, Yvonne Sanson, Alberto Sordi

«Senza pietà» («Ohne Gnade»). Italien 1947. R: Alberto Lattuada. B: Alberto Lattuada, Federico Fellini, Tullio Pinelli. K: Aldo Tonti. A: Piero Gherardi. P: Lux-Film. D: Carla Del Poggio, John Kitzmiller, Pierre Claudé, Giulietta Masina

«Il passatore». Italien 1947. R: Dulio Coletti. B: Federico Fellini, Tullio Pinelli. K: Carlo Martuori. A: Ottavio Scotti. P: Lux-Film. D: Rossano Brazzi, Valentina Cortese, Carlo Ninchi

«Il Miracolo» («Das Wunder»). Episode zu «L'amore» («Amore»). Italien 1948. R: Roberto Rossellini. RA: Federico Fellini. B: Federico Fellini, Tullio Pinelli. K: Aldo Tonti. P: Tevere Film. D: Anna Magnani, Federico Fellini

«In nome della legge» («Im Namen des Gesetzes»). Italien 1948. R: Pietro Germi. RA: Federico Fellini. B: Federico Fellini, Pietro Germi, Mario Monicelli, Tullio Pinelli u. a. K: Leonida Barboni. A: Gino Morici. P: Lux-Film. D: Massimo Girotti, Charles Vanel, Camillo Mastrocinque, Jone Salinas

«Il mulino del Po» («Die Mühle am Po»). Italien 1949. R: Alberto Lattuada. RA: Federico Fellini. B: Federico Fellini, Tullio Pinelli. K: Aldo Tonti. A: Aldo Buzzi. P: Lux-Film. D: Carla Del Poggio, Jacques Sernas, Giacomo Giuradei, Domenico Borghese

«Francesco, giullare di Dio» («Franziskus, der Gaukler Gottes»). Italien 1950. R: Roberto Rossellini. RA: Federico Fellini. B: Roberto Rossellini, Federico Fellini. K: Otello Martelli. A: Virgilio Marchi. P: Cineriz. D: Aldo Fabrizi, Arabella Lemaitre, Laiendarsteller

«Il cammino della speranza» («Weg der Hoffnung»). Italien 1950. R: Pietro Germi. RA: Federico Fellini. B: Pietro Germi, Federico Fellini, Tullio Pinelli. K: Leonida Bardoni. A: Luigi Ricci. P: Lux-Film/Rovere Film. D: Laiendarsteller

«Persiane chiuse» («Geschlossene Gardinen»). Italien 1950. R: Luigi Comencini. B: Luigi Comencini, Massimo Mida, Gianni Puccini, Federico Fellini u. a. K: Arturo Gallea. P: Lux-Film. D: Massimo Girotti, Eleonora Rossi, Giulietta Masina, Antonio Nicotra

«La città si difende» («Jagd ohne Gnade»). Italien 1951. R: Pietro Germi. RA: Federico Fellini. B: Federico Fellini, Tullio Pinelli, Pietro Germi, Giuseppe Mangione. K: Carlo Montuori. A: Virgilo Marchi. P: Cines. D: Gina Lollobrigida, Paul Muller, Renato Baldini, Fausto Tozzi, Cosetta Greco

«Il brigante di Tacca del Lupo». Italien 1952. R: Pietro Germi. RA: Federico Fellini. B: Federico Fellini, Pietro Germi, Tullio Pinelli, Fausto Tozzi. K: Leonida Bardoni. A: Carlo Egidi. P: Cines/Lux-Film/Rovere. D: Amadeo Nazarri, Saro Urzi, Cosetta Greco, Fausto Tozzi

«Europa '51». Italien 1951/52. R: Roberto Rossellini. B: Sandro De Feo, Roberto Rossellini, Ivo Perilli, Brunello Rondi, Federico Fellini u. a. K: Aldo Tonti. A: Virgilo Marchi. P: Carlo Ponti/Dino De Laurentiis. D: Ingrid Bergman, Alexander Knox, Ettore Giannini, Giulietta Masina

«Fortunella». Italien/Frankreich 1957. R: Eduardo De Filippo. B: Federico Fellini, Ennio Flaiano, Tullio Pinelli. K: Aldo Tonti. P: Dino De Laurentiis/Les Films Marceau. D: Giulietta Masina, Paul Douglas, Alberto Sordi, Franca Marzi, Aldo Silvani

Luci del varietà (*Lichter des Varieté*). Italien 1950. R: Alberto Lattuada, Federico Fellini. B: Federico Fellini, Alberto Lattuada, Tullio Pinelli, Ennio Flaiano. K: Otello Martelli. A: Aldo Buzzi. P: Alberto Lattuada, Federico Fellini/Capitolium Film. D: Carla Del Poggio, Peppino De Filippo, Giulietta Masina, Folco Lulli, Carlo Romano, John Kitzmiller

Lo sceicco bianco (*Die bittere Liebe/Der weiße Scheich*). Italien 1950. R: Federico Fellini. B: Federico Fellini, Tullio Pinelli, Ennio Flaiano. K: Arturo Gallea. A: Raffaello Tolfo. P: P. D. C./O. F. I. D: Alberto Sordi, Brunella Bovo, Leopoldo Trieste, Giulietta Masina, Lilia Landi, Ernesto Almirante

I vitelloni (*Die Müßiggänger*). Italien/Frankreich 1953. R: Federico Fellini. B: Federico Fellini, Ennio Flaiano, Tullio Pinelli. K: Otello Martelli. A: Mario Chiari. P: Peg Film/Cité Films. D: Franco Interlenghi, Alberto Sordi, Franco Fabrizi, Leopoldo Trieste, Riccardo Fellini, Lida Baarova, Eleonora Ruffo

Un' agenzia matrimoniale. Episode zu: «L'amore in città» («Liebe in der Großstadt»). Italien 1953. R: Federico Fellini. B: Federico Fellini, Tullio Pinelli. K: Gianni Di Venanzo. A: Gianni Polidoro. P: Faro Film. D: Antonio Cifariello, Laiendarsteller

La strada (*La Strada – Das Lied der Straße*). Italien 1954. R: Federico Fellini. B: Federico Fellini, Tullio Pinelli, Ennio Flaiano. K: Otello Martelli. A: Mario Ravasco. P: Carlo Ponti/Dino De Laurentiis. D: Giulietta Masina, Anthony Quinn, Richard Basehart, Aldo Silvani, Marcella Rovere

Il bidone (*Die Schwindler/Die Gauner*). Italien/Frankreich 1955. R: Federico Fellini. B: Federico Fellini, Ennio Flaiano, Tullio Pinelli. K: Otello Martelli. A: Dario Cecchi. P: Titanus/S. G. C. D: Broderick Crawford, Richard Basehart, Franco Fabrizi, Giulietta Masina, Giacomo Gabrielli, Alberto De Amicis

Le notti di Cabiria (*Die Nächte der Cabiria*). Italien/Frankreich 1957. R: Federico Fellini. B: Federico Fellini, Ennio Flaiano, Tullio Pinelli; Mitarbeit Pier Paolo Pasolini. K: Aldo Tonti. A: Piero Gherardi. P: Dino De Laurentiis/Les Films Marceau. D: Giulietta Masina, François Périer, Franca Marzi, Amedeo Nazzari

La dolce vita (*Das süße Leben*). Italien/Frankreich 1959. R: Federico Fellini. B: Federico Fellini, Tullio Pinelli, Ennio Flaiano, Brunello Rondi. K: Otello Martelli. A: Piero Gherardi. P: Riama Film/Pathé Consortium Cinéma. D: Marcello Mastroianni, Anita Ekberg, Anouk Aimée, Lex Barker, Yvonne Fourneaux, Alain Cuny, Annibale Ninchi

Le tentazione del Dottor Antonio (*Die Versuchung des Doktor Antonio*). Episode zu: «Boccaccio 70». Italien/Frankreich 1962. R: Federico Fellini. B: Federico Fellini, Tullio Pinelli, Ennio Flaiano; Mitarbeit Brunello Rondi, Goffredo Parise. K: Otello Martelli. A: Piero Zuffi. P: Concordia Compagnia Cinematografica/Cineriz. D: Peppino De Filippo, Anita Ekberg, Antonio Acqua

Otto e mezzo (*8 ½*). Italien/Frankreich 1963. R: Federico Fellini. B: Federico Fellini, Tullio Pinelli, Ennio Flaiano, Brunello Rondi. K: Gianni Di Venanzo. A: Piero Gherardi. P: Cineriz/Francinex. D: Marcello Mastroianni, Anouk Aimée, Sandra Milo, Claudia Cardinale, Mario Pisu, Barbara Steel, Guido Alberti, Rossella Falk, Madeleine Lebeau, Jean Rougeul

Giulietta degli spiriti (*Julia und die Geister*). Italien/Frankreich 1965. R: Federico Fellini. B: Federico Fellini, Tullio Pinelli, Ennio Flaiano, Brunello Rondi. K: Gianni Di Venanzo. A: Piero Gherardi. P: Federiz/Francoriz. D: Giulietta Masina, Mario Pisu, Sandra Milo, Valentina Cortese, Caterina Boratto, Lou Gilbert, Sylva Koscina, José de Villalonga, Valeska Gert

Toby Dammit. Episode zu: «Histoires extraordinaires». Frankreich/Italien 1968. R: Federico Fellini. B: Federico Fellini, Bernardino Zapponi. K: Giuseppe Rotunno. A: Carlo Leva. P: Les Films Marceau/Cocinor/P. E. A. D: Terence Stamp, Salvo Randone, Anna Tonietti, Fabrizio Angeli

A Director's Notebook. USA 1969. R: Federico Fellini. B: Federico Fellini, Bernardino Zapponi. K: Pasquale De Santis. P: NBC Productions. D: Federico Fellini, Giulietta Masina, Marcello Mastroianni, Caterina Boratto

Fellini Satyricon. Italien/Frankreich 1969. R: Federico Fellini. B: Federico Fellini, Bernardino Zapponi. K: Giuseppe Rotunno. A: Danilo Donati. P: P. E. A./Les Productions Artistes Associés. D: Martin Potter, Hiram Keller, Max Born, Salvo Randone, Mario Romagnoli, Gordon Mitchell, Luigi Montefiori

I clowns (Die Clowns). Italien/Frankreich/Bundesrepublik Deutschland 1970. R: Federico Fellini. B: Federico Fellini, Bernardino Zapponi. K: Dario Di Palma. A: Danilo Donati. P: RAI/O. R. T. F./Bavaria. D: Liana, Rinaldo, Nando Orfei, Franco Migliorini, die Colombaioni, Anita Ekberg, Charlie Rivel, Victor Fratellini, Tristan Rémy

Roma (Fellinis Roma). Italien/Frankreich 1972. R: Federico Fellini. B: Federico Fellini, Bernardino Zapponi. K: Giuseppe Rotunno. A: Danilo Donati. P: Ultra Film/Les Productions Artistes Associés. D: Peter Gonzales, Fiona Florence, Marne Maitland, Federico Fellini, Anna Magnani, Gore Vidal

Amarcord. Italien/Frankreich 1973. R: Federico Fellini. B: Federico Fellini, Tonino Guerra. K: Giuseppe Rotunno. A: Danilo Donati. P: F. C. Produzioni/P. E. C. F. D: Bruno Zanin, Pupella Maggio, Armando Brancia, Stefano Proietti, Nandino Orfei, Magali Noël, Antonietta Beluzzi

Casanova (Fellinis Casanova). Italien 1976. R: Federico Fellini. B: Federico Fellini, Bernardino Zapponi. K: Giuseppe Rotunno. A: Danilo Donati. P: P. E. A. D: Donald Sutherland, Tina Aumont, Cecily Browne, Angelica Hansen, Marie Marquet, John Karlsen, Leda Lojodice

Prova d'orchestra (Orchesterprobe). Italien/Bundesrepublik Deutschland 1978. R: Federico Fellini. B: Federico Fellini, Brunello Rondi. K: Giuseppe Rotunno. A: Dante Ferretti. P: Daime Cinematografica/RAI/Albatros. D: Balduin Baas, Clara Colosimo, Elisabeth Labi, Umberto Zuanelli, David Mauhsell

La città delle donne (Fellini's Stadt der Frauen). Italien/Frankreich 1980. R: Federico Fellini. B: Federico Fellini, Bernardino Zapponi, Brunello Rondi. K: Giuseppe Rotunno. A: Dante Ferretti. P: Opera Film/Gaumont. D: Marcello Mastroianni, Anna Prucnal, Bernice Stegers, Donatella Damiani

E la nave va (Fellini's Schiff der Träume). Italien/Frankreich 1983. R: Federico Fellini. B: Federico Fellini, Tonino Guerra. K: Giuseppe Rotunno. A: Dante Ferretti. P: Vides Produzione/RAI/Gaumont. D: Freddie Jones, Barbara Jefford, Victor Poletti, Peter Cellier, Norma West, Fiorenzo Serra, Pina Bausch

Ginger e Fred (Ginger und Fred). Italien/Frankreich/Bundesrepublik Deutschland 1985. R: Federico Fellini. B: Federico Fellini, Tonino Guerra, Tullio Pinelli. K: Tonino Delli Colli, Ennio Guarnieri. A: Dante Ferretti. P: P. E. A./Revcom/RAI/Les Films Arianne/Anthea. D: Giulietta Masina, Marcello Mastroianni, Franco Fabrizi, Martin Maria Blau, Toto Mignone

Intervista (Fellini's Intervista). Italien 1987. R: Federico Fellini. B: Federico Fellini. K: Tonino Delli Colli. A: Danilo Donati. P: Aliosha/RAI. D: Federico Fellini, Danilo Donati, Maurizio Mein, Anita Ekberg, Marcello Mastroianni

La voce della luna (Die Stimme des Mondes). Frankreich/Italien 1990. R: Federico Fellini. B: Federico Fellini, Tullio Pinelli, Ermanno Cavazzoni. K: Tonino Delli Colli. A: Dante Ferretti. P: C. G. Group Tiger Cinematografica/Cinemax/RAI. D: Roberto Benigni, Paolo Villaggio

Bibliographie

1. Bibliographien, Hilfsmittel

PRICE, BARBARA ANN und THEODORE: Federico Fellini. An Annotated International Bibliography. Metuchen, N. J. und London (Scarecrow Press) 1978. 282 S.
SCHULTHEISS, GABRIELE: Filmographie, Bibliographie. In: FELLINI, Zeichnungen. Frankfurt a. M. (Deutsches Filmmuseum) 1984. S. 213–229
STUBBS, JOHN C.: Federico Fellini. A Guide to References and Resources. Boston (G. K. Hall & Co.) 1978. 346 S.

2. Veröffentlichungen von Federico Fellini

Werkausgabe der Drehbücher und Schriften. Hg. von CHRISTIAN STRICH. Zürich (Diogenes):
Roma. 1972
La Dolce Vita. 1974
8 ½. 1974
Julia und die Geister. 1974
Amarcord. 1974
Aufsätze und Notizen. 1974. 2., verb. Aufl. 1981
Casanova. 1977
La Strada. 1977
Die Nächte der Cabiria. 1977
I Vitelloni. 1977
Orchesterprobe. 1979
Die Stadt der Frauen. 1980
Satyricon. 1983
E la nave va. 1984
Ginger und Fred. 1986
Intervista. 1987
Der weiße Scheich. 1988
Die Gauner. 1988
Giulietta. Roman. 1989
Die Stimme des Mondes. 1990
Die Reise des G. Mastorna. 1995

Die Nächte der Cabiria. In: ENNO PATALAS (Hg.), Spectaculum. Texte moderner Filme. Frankfurt a. M. (Suhrkamp) 1961. S. 119–203
8 ½. Mit einem Nachwort von Hans Stempel und Martin Ripkens. Hamburg (Marion von Schröder) 1963 (= Cinemathek 8)
Julia und die Geister. Hamburg (Marion von Schröder) 1966 (= Cinemathek 16)

Fellini's Filme. Die vierhundert schönsten Bilder aus Federico Fellini's fünfzehn-einhalb Filmen. Hg. von CHRISTIAN STRICH. Zürich (Diogenes) 1976

Fellini's Zeichnungen. Einhundertachtzig Entwürfe für Figuren, Dekorationen, Kostüme, Telefonzeichnungen und Graffiti. Hg. von CHRISTIAN STRICH. Zürich (Diogenes) 1976

Fellini's Faces. Vierhundertachtzehn Bilder aus Federico Fellini's Fotoarchiv. Hg. von CHRISTIAN STRICH. Zürich (Diogenes) 1981

Denken mit Fellini. Aus Gesprächen von Federico Fellini mit Journalisten ausge-wählt von DANIEL KEEL. Zürich (Diogenes) 1984

Zeichnungen. Mit Beiträgen von Pier Marco De Santi und Gabriele Schultheiß. Frankfurt a. M. (Deutsches Filmmuseum) 1984

Cinecittà – Meine Filme und ich. Hamburg (Interbook) 1990

MILO MANARA: Die Reise nach Tulum. Nach einem Film, den Federico Fellini noch nicht gedreht hat. Hamburg (Carlsen) 1990

CHANDLER, CHARLOTTE: Ich, Fellini. Vorwort von Billy Wilder. München (Herbig) 1994

Fellini on Fellini. Hg. von CONSTANZO CONSTANTINI. London (Faber and Faber) 1995

Federico Fellini. Hg. von LIETTA TORNABUONI. Zürich (Diogenes) 1995

FEDERICO FELLINI/MILO MANARA: Die Reise des G. Mastorna alias Fernet. München (Schreiber & Leser) 1996

Quand Fellini dessinait … Autoportraits intimes. In: Cahiers du cinema, 1997, Heft 513, S. I–XVI

Carissimo Simenon – Mon cher Fellini. Der Briefwechsel zwischen Federico Fellini und Georges Simenon. Hg. von CLAUDE GAUTEUER und SILVIA SAGER. Zürich (Diogenes) 1997

3. Interviews

Anonym: Fellini parla del suo mestiere di regista. In: Bianco e nero, 1958, Heft 5. Deutsch in: THEODOR KOTULLA (Hg.), Der Film. München (Piper) 1964. Bd. 2, S. 73–82

Anonym: Playboy-Interview with Federico Fellini. In: Playboy, 1966, Heft 2, S. 55–66

BACHMANN, GIDEON: Federico Fellini: An Interview. In: ROBERT HUGHES (Hg.), Film. New York (Grove Press) 1959. Bd. 1, S. 97–105
Gespräch mit Federico Fellini. In: Film, Velber 1964, Heft 10, S. 5–9
Federico Fellini vous parle. In: Cinéma ‹65, Paris 1965, Heft 99, S. 71–89
Federico Fellini. In: ULRICH GREGOR (Hg.), Wie sie filmen. Gütersloh (Sigbert Mohn) 1966. S. 54–78

BOCCA, GIORGIO: Auch ich bin ein Sünder. In: Süddeutsche Zeitung, 12. März 1960

CAEN, MICHAEL, und FRANCIS LACASSIN: Fellini und die Comics. In: Film, Velber 1965, Heft 2, S. 24–26

DEL BOSCO, PAQUITO (Hg.): Le favole di Fellini. Diario ai microfoni della RAI. Rom (RAI ERI) 2000

DELOUCHE, DOMINIQUE: Entretiens avec Federico Fellini. Brüssel (Radiodiffu-sion Télévision Belge) 1962

DEVENA, MARIO: Fellini! Fellini! Fellini! Ein Gespräch. In: Film, Velber 1968, Heft 4, S. 19–20

FALLACI, ORIANA: Famous Italian Director. In: FALLACI, Ab- und Beifälliges über Prominente. München (dtv) 1967. S. 29–46

FINKIELKRAUT, ALAIN: Die Sehnsucht nach der Sehnsucht. In: Tintenfaß 18, Zürich (Diogenes) 1987, S. 148–160

FUMENTO, ROCCO: Maestro Fellini, Studente Angelucci. In: Literature/Film Quarterly, 1982, Heft 4, S. 226–233

GILI, JEAN A.: «C'était comme si on m'avait dit que je serais devenu amiral». In: Positif, 1981, Heft 244/245, S. 33–41

GRAZZINI, GIOVANNI: Warum machen Sie nicht mal eine schöne Liebesgeschichte?. Zürich (Diogenes) 1984

KAST, PIERRE: Federico Fellini. In: Cahiers du cinéma, 1965, Heft 164, S. 6–22. Englisch in: ANDREW SARRIS (Hg.), Interviews with Film Directors. Indianapolis (Bobbs-Merrill) 1967. S. 141–154

KERN, ROSEMARIE: Spiegelbilder. Wien (Edition S) 1988. S. 205–229

LEVINE, IRVING R.: I Was Born for the Cinema. In: Film Comment, 1966, Heft 1, S. 77–84

MARAINI, TONI: Meine Vision umfaßt 360 Grad. Frankfurt a. M. (Dielmann) 1997

MAYER, MANFRED: Fellini-Typen, Fellini-Gesichter. In: Film und Fernsehen, 1989, Heft 2, S. 27–31

MORAVIA, ALBERTO: Federico del barrocco. In: L'Espresso, 31. Oktober 1965

PETTIGREW, DAMIEN: Federico Fellini: Ich bin ein großer Lügner. Frankfurt/M. (Verlag der Autoren) 1995

RIETHMÜLLER, PIT: Filmemachen kann ich wirklich. In: Süddeutsche Zeitung, 13. Februar 1986

RISSET, JACQUELINE: Abstieg zur Hölle. In: Neue Rundschau, 1990, Heft 3, S. 125–140

RONDI, GIAN LUIGI: Il cinema dei maestri. Mailand (Rusconi) 1980. S. 67–90

SAMUELS, CHARLES T.: Encountering Directors. New York (Putnam) 1972. S. 117–141

SANGUINETTI, TATTI: Fellini, intervista. In: Cahiers du cinema, 1994, Heft 479/480

SCHLAPPNER, MARTIN: Mit Federico Fellini im Gespräch. In: Neue Zürcher Zeitung, 22. Juni 1974

TASSONE, ALDO: Le Cinéma Italien Parle. Paris (Edilig) 1982. S. 96–119

VILALLONGA, JOSÉ-LUIS DE: Die Geister Fellinis. In: VILALLONGA, Gold-Gotha. München (Desch) 1972. S. 321–381

VOLTA, ORNELLA: Entretien avec Federico Fellini. In: Positif, 1980, Heft 236, S. 7–13

WALTER, EUGENE: Federico Fellini. In: JOSEPH F. MCCRINDLE (Hg.), Behind the Scenes. New York (Holt, Rinehart & Winston) 1971. S. 167–171

WARHOL, ANDY, und PAT HACKETT: Federico Fellini. In: Interview, 1973, Heft 35, S. 6–7

4. Sekundärliteratur

ALPERT, HOLLIS: Fellini. A Life. New York (Atheneum) 1986

AGEL, GENEVIÈVE: Les chemins de Fellini. Paris (Éditions du Cerf) 1956

ANGELINI, PIETRO: Controfellini. Il fellinismo tra restaurazione e magia bianca. Mailand (Ottaviano) 1974

BAXTER, JOHN: Fellini. London (Fouth Estate) 1993

BAZIN, ANDRÉ: Filmkritiken als Filmgeschichte. München (Hanser) 1981

BENDERSON, ALBERT EDWARD: Critical Approaches to Federico Fellinis «8½». New York (Arno Press) 1974
An Archetypal Reading of «Juliet of the Spirits». In: Quarterly Review of Film Studies, New York 1979, Heft 2, S. 193–206

BETTI, LILIANA: Fellini. Ein Porträt. Zürich (Diogenes) 1976

BONDANELLA, PETER (Hg.): Federico Fellini. Essays in Criticism. New York (Ungar) 1978

Italian Cinema. New York (Ungar) 1983

(Hg.): Perspectives on Federico Fellini. New York (Hall) 1993

BORIN, FABRIZIO: Federico Fellini. Rom (Gremese) 1999

BOYER, DEENA: Die 200 Tage von «8½» oder Wie ein Film von Federico Fellini entsteht. Reinbek (Rowohlt) 1963

BUDGEN, SUZANNE: Federico Fellini. London (British Film Institute) 1966

BURKE, FRANK: Fellini's «Luci del varietà»: The Limitations of the Stage and the «Morality of Movies». In: Italica, 1978, Heft 2, S. 225–235

Reason and Unreason in Federico Fellini's «I Vitelloni». In: Literature/Film Quarterly, 1980, Heft 2, S. 116–124

Federico Fellini: «Variety Lights» to «La Dolce Vita». Boston (Twayne) 1984

Modes of Narration and Spiritual Development in Fellini's «8½». In: Literature/Film Quarterly, 1986, Heft 3, S. 164–170

Fellini: Changing the Subject. In: Film Quarterly, 1989, Heft 1, S. 36–48

CALVINO, ITALO: Autobiografia di uno spettatore. In: FEDERICO FELLINI, Quattro film. Turin (Einaudi) 1974. S. 9–24

CIMENT, GILLES (Hg.): Federico Fellini. Paris (Positif-Rivages) 1988

COMUZIO, ERMANNO: Fellini/Rota: Un matrimonio concertato. In: Bianco e nero, 1979, Heft 4, S. 63–94

COSTELLO, DONALD P.: Fellini's Road. Notre Dame, Indiana (University of Notre Dame Press) 1983

DELOUCHE, DOMINIQUE: Journal d'un bidoniste. Paris (Éditions du Cerf) 1956

DICK, BERNARD F.: Adaptation as Archaeology. «Fellini Satyricon». In: ANDREW HORTON und JOAN MAGRETTA (Hg.), Modern European Filmmakers and the Art of Adaption. New York (Ungar) 1981. S. 145–157

ESTÈVE, MICHEL (Hg.): Federico Fellini, «8½». Études cinématographiques 28/29. Paris (Lettres modernes) 1963

Federico Fellini. Aux sources de l'imaginaire. Études cinématographiques 127/130. Paris (Lettres modernes) 1981

FAVA, CLAUDIO G., und ALDO VIGANÒ: Federico Fellini. Seine Filme – sein Leben. München (Heyne) 1989

FLAIANO, ENNIO: Blätter von der Via Veneto. Hg. von Ragni Maria Gschwend. Freiburg (Beck & Glückler) 1994

FRIEDRICH, JÖRG: Von «Rom, offene Stadt» bis «Fellinis Roma». In: Kino, Berlin 1973, Heft 1, S. 32–43

GIACOVELLI, ENRICO: Tutti i film di Federico Fellini. Turin (Lindau) 2002

GORI, GIANFRANCO MIRO (Hg.): Rimini et le Cinéma. Paris (Centre Georges Pompidou) 1989

HANISCH, MICHAEL: Erinnerung und Phantasie. Zu einigen Filmen von Federico Fellini. In: HORST KNIETZSCH (Hg.), Prisma 16. Berlin/DDR (Henschel) 1985. S. 201–214

HOCHKOFLER, MATILDE: Marcello Mastorianni. Das süße Leben. Vorwort von Federico Fellini. Weinheim, Berlin (Beltz Quadriga) 1993

HOHENBERGER, EVA: Fellinis Kürzester. In: Zibaldone, 1991, Heft 12, S. 65–70

HUGHES, EILEEN LANOUETTE: On the Set of «Fellini Satyricon»: A Behind-the-Scenes Diary. New York (Morrow) 1971

KETCHAM, CHARLES B.: Federico Fellini. The Search for a New Mythology. New York (Paulist Press) 1976

KEZICH, TULLIO: Fellini. Eine Biographie. Zürich (Diogenes) 1989

Su «La Dolce Vita» von Fellini. Venedig (Marsilio) 1996

KNORR, WOLFRAM: Fellini und die Comics. In: Cinema, Zürich 1974, Heft 2, S. 34–39

KOEBNER, THOMAS: Fellini. Stichworte der Erinnerung, In: Film-Dienst, 1993, Heft 24, S. 4–8

KUNDERA, MILAN: Kafka, Heidegger, Fellini. In: Tintenfaß 18, Zürich (Diogenes) 1987, S. 162–165

LAVERY, DAVID: «Major Man»: Fellini as an Autobiographer. In: Postscripts, 1987/ 88, Heft 2, S. 14–28

LIBRACH, RONALD S.: Reconciliation in the Realm of Fantasy: The Fellini World and the Fellini Text. In: Literature/Film Quarterly, 1987, Heft 2, S. 85–98

MARCUS, MILLICENT: Italian Film in the Light of Neorealism. Princeton (Princeton University Press) 1986

MASTROIANNI, MARCELLO: Ja, ich erinnere mich. Wien (Zsolnay) 1998

MECUS, MARCEL, und ORNELLA ORLANDONI-VANBUTSELE (Hg.): L'Italia di Fellini. Leuven (Stuc) 1985

METZ, CHRISTIAN: Semiologie des Films. München (Fink) 1972

MICHA, RENÉ: Le clair et l'obscur. In: L'Arc, 1971, Heft 45, S. 42–56

MILO, SANDRA: Caro Federico. Mailand (Rizzoli) 1982

MONTI, RAFFAELE (Hg.): Bottega Fellini. Rom (De Luca Editore) 1981

MONTI, RAFFAELE, und PIER MARCO DE SANTI (Hg.): L'invenzione consapevole. Disegni e materiali di Federico Fellini per il film «E la nave va». Florenz (Artificio) 1984

MORAVIA, ALBERTO: Al cinema. Mailand (Bompiani) 1975

MURRAY, EDWARD: Fellini the Artist. New York (Ungar) 1976 – Erw. Neuaufl. 1985

NIZON, PAUL: Sätze zu Fellini. In: Cinema, Zürich 1974, Heft 2, S. 22–25

ORTMAYER, ROGER: Fellini's Film Journey: An Essay in Seeing. In: JAMES M. WALL (Hg.), Three European Directors. Grand Rapids (Eerdmans) 1973. S. 65–107

OXENHANDLER, NEAL: Ther Distancing Perspectives in «Satyricon». In: Film Quarterly, 1969, Heft 4, S. 38–42

PASCO, ALLAN H.: The Thematic Structure of Fellini's «Amarcord». In: Film Studies Annual, 1976, S. 259–271

PASOLINI, PIER PAOLO: L'irrazionalismo cattolico di Fellini. In: Filmcritica, 1960, Heft 94 – Wiederabdruck in: ENRICO MAGRELLI (Hg.), Con Pier Paolo Pasolini. Rom (Bulzoni) 1977. S. 129–140

PECORI, FRANCO: Federico Fellini. Florenz (La nuova Italia) 1974

PERRICONE, JOSEPH: And The Ship Sails On: A Reviewing of Fellini. In: Literature/Film Quarterly, 1987, Heft 2, S. 78–84

PERRY, TED: Filmguide to «8½». Bloomington (Indiana University Press) 1975

PIERI, FRANÇOISE: Federico Fellini, Écrivain au «Marc' Aurelio». In: Positif, 1981, Heft 244/245, S. 20–32

PILLITTERI, PAOLO: Appunti su Fellini. Mailand (Angeli) 1990

QUESTERBERT, MARIE-CHRISTINE: Les scénaristes italiens. Renens (5 Continents/ Hatier) 1988

RISSET, JACQUELINE: Fellini, Le cheik blanc. L'annonce faite à Federico. Paris (Biro) 1990

ROHDIE, SAM: Fellini Lexicon. London (British Film Institute) 2002

RONDI, BRUNELLO: Il cinema di Fellini. Rom (Bianco e nero) 1965

ROSENTHAL, STUART: The Cinema of Federico Fellini. South Brunswick und New York (Barnes) 1976

SALACHAS, GILBERT: Federico Fellini. Paris (Seghers) 1970

SCHÄR, ROBERT: So arbeitet Fellini. In: Cinema, Zürich 1974, Heft 2, S. 5–12

SCHAUB, MARTIN: Fellini: Zeit und Ewigkeit. In: Cinema, Zürich 1974, Heft 2, S. 13–21

SCHLAPPNER, MARTIN: Von Rossellini zu Fellini. Das Menschenbild im italienischen Neo-Realismus. Zürich (Origo) 1958

Federico Fellini. Realismus des Persönlichen. In: SCHLAPPNER, Filme und ihre Regisseure. Bern und Stuttgart (Huber) o. J. S. 153–178

SCHLEICHER, HARALD: Film-Reflexionen. Autothematische Filme von Wim Wenders, Jean-Luc Godard und Federico Fellini. Tübingen (Niemeyer) 1991. S. 132–177

SCHNEIDER, WERNER: Filmen als authentische Existenzform. Federico Fellinis «8½» als moralischer Traktat. In: Arnoldshainer Filmgespräche. Bd. 13. Marburg (Schüren) 1996, S. 102–115

SCHOONEJANS, SONJA: Fellinis «Stadt der Frauen». München (Heyne) 1980

SECCHIAROLI, TAZIO: Fellini 8½. Kempen (te Neues) 1999

SEESSLEN, GEORG: Sechs Arten, Fellini zu verehren. In: epd Film, 1990, Heft 1, S. 24–29

SOLMI, ANGELO: Storia di Federico Fellini. Mailand (Rizzoli) 1962

STEINWACHS, GINKA: Fellini sieht fern. In: STEINWACHS, Der schwimmende Österreicher. Graz (Droschl) 1985. S. 126–153

STROHM, PETRA SUSANNE: Kino der Extreme. Die Filme Federico Fellinis zwischen Sensation und Ignoranz – ein rezeptionsästhetischer Exkurs. Frankfurt/M. u. a. (Lang) 1994

STUBBS, JOHN C.: Study Guide to «8½». In: Journal of Aesthetic Education, 1975, Heft 2, S. 96–108

TARKOWSKIJ, ANDREJ: Federico Fellini. In: Iskusstwo Kino, 1980, Heft 12, S. 158–160

TAUBER, CHRISTIAN: Federico Fellini – Rom. Julien Green – Paris. Zürich (Juris) 1971

TORNABENE, FRANCESCO: Federico Fellini. Realist des Phantastischen. Berlin (Benedikt Taschen) 1990

WALTER, EUGENE: Meister der Widersprüche. Ein Porträt Federico Fellinis. In: Der Monat, 1965, Heft 207, S. 57–67

WIEGAND, CHRIS: Federico Fellini. Herr der Träume 1920–1993. Köln (Taschen) 2003

WINTER, MONA: Ein unermüdlicher Sucher. Fellinis Ikonographie der Sinnlichkeiten. In: KAROLA GRAMANN [u. a.], Lust und Elend: Das erotische Kino. München und Luzern (Bucher) 1981. S. 94–113

WUSS, PETER: Die Tiefenstruktur des Filmkunstwerks. Berlin/DDR (Henschel) 1986

ZANELLI, DARIO: Nel mondo di Federico. Turin (Edizioni Rai) 1987

ZANZOTTO, ANDREA: Filò: Per il «Casanova» di Fellini. Venedig (Edizioni del Ruzante) 1976

ZAPPONI, BERNARDINO: Mein Freund Fellini. München (Langen Müller) 1997

Namenregister

Über den Autor

Michael Töteberg, geboren 1951 in Hamburg, Lektor und Publizist, Leiter der Medienabteilung des Rowohlt Verlages. Veröffentlichungen: «John Heartfield» (1978, rowohlt monographie), «Fritz Reuter» (1978, rowohlt monographie), «Marieluise Fleißer» (1979, mit Wend Kässens), «Günter Wallraff» (1979, mit Ulla Hahn), «Fritz Lang» (1985, rowohlt monographie), «Filmstadt Hamburg» (1990), «Film. An International Bibliography» (2002, mit Malte Hagener), «Rainer Werner Fassbinder» (2002, rowohlt monographie). Herausgeber u. a. von «Das Ufa-Buch» (1992, mit Hans-Michael Bock), «Metzler Film Lexikon» (1995), «Szenenwechsel. Momentaufnahmen des jungen deutschen Films» (1999). Zahlreiche Editionen von Filmbüchern, u. a. zu Tom Tykwers «Lola rennt» (1998), «Der Krieger und die Kaiserin» (2000), «Heaven» (2002) und zu Wolfgang Beckers «Good Bye, Lenin!» (2003), sowie der Essays und Reden von Klaus Mann (1992–1994, mit Uwe Naumann), aus dem Nachlaß von Rainer Werner Fassbinder (1984–1991) und Wolfgang Borchert (1996), von Aufsätzen und Schriften der Filmemacher Wim Wenders («Die Logik der Bilder», 1988), Edgar Reitz («Drehort Heimat», 1993) und Peter Lilienthal («Befragung eines Nomaden», 2001). Redaktionsmitglied der Zeitschrift «Text + Kritik» und ständiger Mitarbeiter am «Kritischen Lexikon zur deutschsprachigen Gegenwartsliteratur» (KLG) sowie am Filmlexikon «Cine-Graph».

Quellennachweis der Abbildungen

Aus: Fellini's Filme, © 1976 by Diogenes Verlag AG, Zürich: 6, 50/51, 70

Gideon Bachmann, Motion Picture Still Collection, London; mit freundlicher Genehmigung von Federico Fellini: 15 o., 15 u., 16, 24

News Productions, Baulmes: 8

Ullstein Bilderdienst, Berlin: 12, 34, 49

Aus: Federico Fellini, Aufsätze und Notizen, © 1974 by Diogenes Verlag AG, Zürich: 10

Aus: Angelo Solmi, Storia di Federico Fellini. Mailand 1962. © by Diogenes Verlag AG, Zürich: 17, 18, 19

Aus: Fellini's Zeichnungen, © by Diogenes Verlag AG, Zürich: 20

pandis media gmbH, München: 22

Stiftung Deutsche Kinemathek, Berlin: 26, 36, 39, 41, 45, 53, 57, 63, 65, 77, 84, 99, 103, 104, 109, 114, 116, 118, 124, 126, 128

Deutsches Institut für Filmkunde, Frankfurt a. M.: 27, 69 (© by Diogenes Verlag AG, Zürich), 129 (© by Diogenes Verlag AG, Zürich)

Aus: Marcel Mecus und Ornella Orlandoni-Vanbutsele (Hg.): L'Italia di Fellini. Leuven 1985: 30, 31, 32

Aus: Ommaggio a Flaiano. Katalog zum 39. Internationalen Filmfestival in Locarno, 1986: 35, 55 (© by Diogenes Verlag AG, Zürich), 75

Filmverleih Die Lupe, Göttingen: 40

Keystone, Hamburg: 47, 61, 83, 86

Aus: Hazuo Kagihara, Federico Fellini. Tokio 1985: 64

Fondazione Pasolini, Rom: 66

Sammlung des Autors: 79, 93, 120

Aus: Dario Zanelli, Nel Mondo di Federico. Torino 1987: 80

Aus: Scrittori di «Attraverso l'Italia» 1930/1972. Mailand 1984: 90/91

Aus: Federico Fellini, Amarcord, © by Diogenes Verlag AG, Zürich: 94

Aus: Fellini. Ein Porträt von Liliana Betti, © 1976 by Diogenes Verlag AG, Zürich: 92

Aus: Louis Goldman, Lights, Camera, Action! New York 1986: 96/97

Aus: Il fumetto e il cinema di Fellini. Montepulciano 1984. © by Diogenes Verlag AG, Zürich: 101

Ingeborg Sello: 102

L'Express, Paris: 106

dpa, Hamburg: 123

NEF 2: 130

Orchesterprobe
Mit 50 Fotos. Deutsch von Trude Fein

Intervista
Mit einem Vorwort von Federico Fellini und 50 Fotos. Deutsch von Renate Heimbucher

Die Stimme des Mondes
In Zusammenarbeit mit Tullio Pinelli und Ermanno Cavazzoni. Mit 53 Fotos. Deutsch von Renate Heimbucher

Die Reise des G. Mastorna
Deutsch von Maja Pflug. Mit einem Nachwort von Tullio Kezich, deutsch von Sylvia Höfer

Außerdem liegen vor:

Aufsätze und Notizen
Herausgegeben von Christian Strich und Anna Keel. Mit einer kompletten Fellini-Filmographie

Spielen wie die Kinder
Aus Gesprächen Federico Fellinis mit Journalisten ausgewählt von Daniel Keel. Mit Zeichnungen von Federico Fellini

Fellini über Fellini
Ein intimes Gespräch mit Giovanni Grazzini. Deutsch von Renate Heimbucher

Tullio Kezich
Fellini
Eine Biographie. Mit vielen Fotos, Filmographie und Register. Deutsch von Sylvia Höfer

Fellini's Faces
Vierhundertachtzehn Bilder aus Fellinis Fotoarchiv. Ausgewählt von Christian Strich. Mit einem Vorwort von R.D. Laing und einer Einleitung von Federico Fellini

Federico Fellini
Herausgegeben von Lietta Tornabuoni. Deutsch von Linde Birk, Ulrich Hartmann und Renate Heimbucher

Carissimo Simenon
Mon cher Fellini
Der Briefwechsel zwischen Federico Fellini und Georges Simenon. Aus dem Italienischen und Französischen von Linde Birk

Federico Fellini
im Diogenes Verlag

»Fellinis literarische Entwürfe zu seinen Filmen lesen sich als große Dichtung.« *Martin Schlappner/NZZ*

»Der Druck seiner Filmarbeiten wird wahrscheinlich noch weiter wirken als die Filme selbst – einfach weil das Protokoll dieses Erträumers mit Schreibstift und Kamera sich in aller Schlichtheit noch besser festhakt als das handlungsstarke Bild. Die Fellini-Werkausgabe hat vorerst keine vergleichbare Parallele – so wenig, wie Fellini selber eine hat. Sie wendet sich nicht nur an Cinéasten; sie ist auch eine Fundgrube für Psychologen, Soziologen, Pädagogen und für jeden Kino- und Literaturfreund.« *Christian Ferber/Die Welt, Bonn*

»Wenn Sie sich etwas Gutes tun möchten, lesen Sie Fellini. Ich weiß von niemandem, der neugieriger, großzügiger und versöhnlicher am Leben teilgenommen hat.« *Beatrice Schlag/SonntagsZeitung, Zürich*

Federico Fellini (1921–1993), zunächst Journalist, Karikaturist und Drehbuchautor, erhielt als »einer der größten Filmemacher der Welt« *(Time)* 1993 den Ehren-Oscar für sein Gesamtwerk.

Der weiße Scheich
In Zusammenarbeit mit Tullio Pinelli und Ennio Flaiano. Mit einem Vorwort von Federico Fellini und 38 Fotos. Aus dem Italienischen von Renate Heimbucher

La Strada
Mit einem Vorwort von Federico Fellini und 55 Fotos. Deutsch von Georg-Ferdinand von Hirschau, Thomas Bodmer und Dieter Schwarz

Die Gauner
In Zusammenarbeit mit Ennio Flaiano und Tullio Pinelli. Mit einem Vorwort von Federico Fellini und 34 Fotos. Deutsch von Renate Heimbucher

Die Nächte der Cabiria
In Zusammenarbeit mit Ennio Flaiano, Tullio Pinelli und Brunello Rondi. Mit 53 Fotos. Deutsch von Dieter Schwarz und Olga Gloor

8 1/2
In Zusammenarbeit mit Ennio Flaiano, Tullio Pinelli und Brunello Rondi. Mit 52 Fotos. Deutsch von Toni Kienlechner und Eva Rechel-Mertens

Julia und die Geister
In Zusammenarbeit mit Tullio Pinelli, Ennio Flaiano und Brunello Rondi. Mit 66 Fotos. Deutsch von Margaret Carroux und Bettina und Toni Kienlechner.